APPLICATION AND PRACTICE OF
LOW-CARBON TECHNOLOGIES
IN CHINESE PORTS

中国港口低碳技术应用实践

彭传圣 庞 博 李海波 孙晓伟 邓红梅 ◎ 编著

人民交通出版社
北京

内 容 提 要

本书全面探讨了中国港口在低碳发展技术与实践方面的应用和成效,概述了中国港口低碳技术(如轮胎式集装箱门式起重机"油改电"、靠港船舶使用岸电、集装箱码头全电力自动化、港口流动机械电动化、电动港作拖轮、热泵、风光储一体化以及氢能应用)的发展背景、政策法规、标准规范和经济激励技术原理、实施方案、典型案例、应用效果等相关内容,为港口低碳发展提供了坚实的基础。书中通过具体案例分析,展示了这些技术的实际应用效果。

本书可供港口物流企业与政府部门管理人员、科研人员、高校教师和学生等阅读参考。通过阅读,读者可以了解我国港口低碳发展的现状、技术措施和实践经验,愿本书可为我国港口可持续发展提供一些有益参考和借鉴。

图书在版编目(CIP)数据

中国港口低碳技术应用实践 / 彭传圣等编著.
北京 : 人民交通出版社股份有限公司, 2024.11.
ISBN 978-7-114-19499-3
Ⅰ.U65
中国国家版本馆CIP数据核字第2024PB3023号

Zhongguo Gangkou Ditan Jishu Yingyong Shijian

书　　名:	中国港口低碳技术应用实践
著 作 者:	彭传圣　庞　博　李海波　孙晓伟　邓红梅
责任编辑:	高鸿剑
责任校对:	赵媛媛　魏佳宁
责任印制:	刘高彤
出版发行:	人民交通出版社
地　　址:	(100011)北京市朝阳区安定门外外馆斜街3号
网　　址:	http://www.ccpcl.com.cn
销售电话:	(010)85285857
总 经 销:	人民交通出版社发行部
经　　销:	各地新华书店
印　　刷:	北京科印技术咨询服务有限公司数码印刷分部
开　　本:	787×1092　1/16
印　　张:	6.25
字　　数:	115千
版　　次:	2024年11月　第1版
印　　次:	2024年11月　第1次印刷
书　　号:	ISBN 978-7-114-19499-3
定　　价:	58.00元

(有印刷、装订质量问题的图书,由本社负责调换)

PREFACE 前言

保护环境和节约资源是我国的基本国策。我国分别于1989年12月26日和1998年1月1日开始实施《中华人民共和国环境保护法》和《中华人民共和国节约能源法》。

2006年发布的《中华人民共和国国民经济和社会发展第十一个五年规划纲要》，将单位国内生产总值能源消耗降低20%左右、主要污染物排放总量减少10%确定为约束性指标，开始强化保护环境和节约资源的要求，促进了低碳发展。2011年发布的《中华人民共和国国民经济和社会发展第十二个五年规划纲要》，将单位国内生产总值能源消耗降低16%、单位国内生产总值二氧化碳排放降低17%确定为约束性指标，增加了二氧化碳排放控制要求，强化了低碳发展要求。2016年发布的《中华人民共和国国民经济和社会发展第十三个五年规划纲要》，致力于推动我国二氧化碳排放2030年左右达到峰值并争取尽早达峰，将单位国内生产总值能源消耗降低15%、单位国内生产总值二氧化碳排放降低18%确定为约束性指标，进一步推动低碳发展。

2020年9月22日，习近平主席在第七十五届联合国大会一般性辩论上承诺"中国将提高国家自主贡献力度，采取更加有力的政策和措施，二氧化碳排放力争于2030年前达到峰值，努力争取2060年前实现碳中和[①]"，这是我国基于推动构建人类命运共同体的责任担当和实现可持续发展的内在要求作出的重大战略决策，已经成为我国坚定不移的发展方向。2021年发布的《中华人民共和国国民经济和社会发展第十四个五年规划和2035年远景目标纲要》，将单位国内生产总值能耗下降13.5%、单位国内生产总值二氧化碳排放降低18%确定为约束性指标，强化经济高质量发展和力争实现2030年碳达峰目标的要求。

在中国不断强化低碳发展的进程中，港口行业积极响应国家经济社会发展需求，通过调整优化结构、应用新兴技术、强化管理要求和提高操作水平等手段，不断深化节能减

[①]《习近平在第七十五届联合国大会一般性辩论上发表重要讲话》，《人民日报》2020年9月23日。

排工作，保护环境和节约资源，推动低碳发展。

作者团队基于多年对港口低碳发展技术的理论研究和工程实践，针对目前港口行业在节能减排和环境保护方面所面临的挑战，对港口低碳发展技术与实践进行梳理研究，对港口低碳技术与实践进行系统地概括和总结，形成港口低碳技术体系，并结合典型案例分析低碳技术应用成效，希望借此提升我国港口行业的低碳水平和可持续发展能力。

全书共分为9章，内容涵盖港口低碳技术的发展背景及历程、技术原理及方案、典型案例及效果等多个方面。第1章梳理了我国港口低碳技术的发展历程，并分析了当前存在的主要问题。通过对发展背景、政策法规、标准规范和经济激励等方面的探讨，为读者提供了一个全面的视角。第2~9章从发展背景及历程、技术原理及方案、典型案例及效果三个方面，详细介绍了轮胎式集装箱门式起重机"油改电"、靠港船舶使用岸电、集装箱码头全电力自动化、港口流动机械电动化、电动港作拖轮、热泵、风光储一体化、氢能应用的发展。

本书由彭传圣研究员负责统筹，主要编写分工如下：前言、第2章、第3章由彭传圣编写，第4章、第5章由李海波编写，第6章由孙晓伟编写，第7章由邓红梅编写，第1章、第8章、第9章由庞博编写。本书在编写过程中，得到了山东省港口集团有限公司、连云港港口集团有限公司、广州港集团有限公司、江苏江阴港港口集团股份有限公司等单位的大力支持和帮助，他们为本书提供了工程实践数据和资料。在此，向所有编审人员的辛勤付出表示衷心感谢！

本书的出版是响应国家号召，推动港口业实现低碳发展的重要举措。我们期待本书能够为相关领域的研究和实践提供有益的借鉴和启示。但由于作者水平有限，书中难免存在疏漏和不足之处，敬请各位专家和读者不吝赐教，多提批评指导意见，以利修正。

作　者

2024年9月

CONTENTS 目录

1 绪论 ·· 1
2 轮胎式集装箱门式起重机"油改电" ··· 5
  2.1 发展背景及历程 ··· 5
    2.1.1 发展背景 ·· 5
    2.1.2 行政要求 ·· 6
    2.1.3 标准规范 ·· 6
    2.1.4 经济激励 ·· 6
  2.2 技术原理及方案 ··· 7
    2.2.1 技术原理 ·· 7
    2.2.2 实施方案 ·· 7
  2.3 典型案例及效果 ·· 10
    2.3.1 典型案例 ··· 10
    2.3.2 应用效果 ··· 10
3 靠港船舶使用岸电 ··· 11
  3.1 发展背景及历程 ·· 11
    3.1.1 发展背景 ··· 11
    3.1.2 政策法规 ··· 12
    3.1.3 行政要求 ··· 13
    3.1.4 标准规范 ··· 14
    3.1.5 经济激励 ··· 14
  3.2 技术原理及方案 ·· 15

3.2.1　技术原理 …………………………………………………………… 15
　　　3.2.2　实施方案 …………………………………………………………… 16
　　3.3　典型案例及效果 ……………………………………………………………… 18
　　　3.3.1　典型案例 …………………………………………………………… 18
　　　3.3.2　应用效果 …………………………………………………………… 19
4　集装箱码头全电力自动化 …………………………………………………………… 21
　　4.1　发展背景及历程 ……………………………………………………………… 21
　　　4.1.1　发展背景 …………………………………………………………… 21
　　　4.1.2　政策法规 …………………………………………………………… 22
　　　4.1.3　标准规范 …………………………………………………………… 23
　　　4.1.4　经济激励 …………………………………………………………… 24
　　4.2　技术原理及方案 ……………………………………………………………… 24
　　　4.2.1　技术原理 …………………………………………………………… 24
　　　4.2.2　实施方案 …………………………………………………………… 25
　　4.3　典型案例及效果 ……………………………………………………………… 29
　　　4.3.1　典型案例 …………………………………………………………… 29
　　　4.3.2　应用效果 …………………………………………………………… 32
5　港口流动机械电动化 ………………………………………………………………… 33
　　5.1　发展背景及历程 ……………………………………………………………… 33
　　　5.1.1　发展背景 …………………………………………………………… 33
　　　5.1.2　政策法规 …………………………………………………………… 33
　　　5.1.3　标准规范 …………………………………………………………… 35
　　　5.1.4　经济激励 …………………………………………………………… 35
　　5.2　技术原理及方案 ……………………………………………………………… 36
　　　5.2.1　技术原理 …………………………………………………………… 36
　　　5.2.2　实施方案 …………………………………………………………… 36
　　5.3　典型案例及效果 ……………………………………………………………… 37
　　　5.3.1　典型案例 …………………………………………………………… 37
　　　5.3.2　应用效果 …………………………………………………………… 46
6　电动港作拖轮 ………………………………………………………………………… 47
　　6.1　发展背景及历程 ……………………………………………………………… 47

  6.1.1　发展背景 ··· 47
  6.1.2　政策法规 ··· 49
  6.1.3　标准规范 ··· 50
  6.1.4　经济激励 ··· 51
 6.2　技术原理及方案 ··· 52
  6.2.1　技术原理 ··· 52
  6.2.2　实施方案 ··· 53
 6.3　典型案例及效果 ··· 55
  6.3.1　典型案例 ··· 55
  6.3.2　应用效果 ··· 56

7　热泵 ·· 57

 7.1　发展背景及历程 ··· 57
  7.1.1　发展背景 ··· 57
  7.1.2　政策法规 ··· 58
 7.2　技术原理及方案 ··· 59
  7.2.1　技术原理 ··· 59
  7.2.2　实施方案 ··· 60
 7.3　典型案例及效果 ··· 62
  7.3.1　典型案例 ··· 62
  7.3.2　应用效果 ··· 64

8　风光储一体化 ·· 66

 8.1　发展背景及历程 ··· 66
  8.1.1　发展背景 ··· 66
  8.1.2　政策法规 ··· 66
 8.2　技术原理及方案 ··· 67
  8.2.1　技术原理 ··· 67
  8.2.2　实施方案 ··· 72
 8.3　典型案例及效果 ··· 75
  8.3.1　典型案例 ··· 75
  8.3.2　应用效果 ··· 77

9 氢能应用 ·······79
9.1 发展背景及历程 ·······79
9.1.1 发展背景 ·······79
9.1.2 政策法规 ·······79
9.1.3 经济激励 ·······80
9.2 技术原理及方案 ·······80
9.2.1 技术原理 ·······80
9.2.2 实施方案 ·······81
9.3 典型案例及效果 ·······82
9.3.1 典型案例 ·······82
9.3.2 应用效果 ·······82

参考文献 ·······84

1 绪 论

随着全球气候变化问题日益严重,"低碳"发展已成为世界各国的共识。目前,我国已经进入经济高质量发展阶段,强调"以人民为中心""发展为了人民、发展依靠人民、发展成果由人民共享",进一步强调绿色发展"以人为本"的理念。因此,我国港口的低碳绿色发展技术与实践具有极其重要的意义。

2001年我国加入世界贸易组织后,港口生产规模随着经济社会的快速发展而高速增长,2020年港口完成的货物吞吐量达到145.5亿t,年均增长率高达9.9%。尽管长期以来港口行业积极落实保护环境和节约资源的基本国策,完成了大量卓有成效的节能减排工作,但是随着港口生产规模的高速增长,港口能源消耗量、大气污染物和二氧化碳排放量仍然不断增加。本书将通过以下八个技改措施,梳理我国港口低碳技术的发展背景、政策要求、技术原理、实践案例,探讨我国港口在低碳发展方面的技术进步与实践经验,为后续港口低碳可持续发展提供借鉴。

(1)轮胎式集装箱门式起重机"油改电"

轮胎式集装箱门式起重机(RTG)采用电力驱动系统取代传统的柴油驱动系统,被称为"油改电",旨在提升能源的使用效率并降低运营成本与环境污染。主要通过三种方式实现:低架滑触线、高架滑触线和电缆卷盘技术。"十二五"时期,众多集装箱码头成功实施了RTG的"油改电"项目,这一转变不仅显著降低了港口对柴油的依赖程度,还有效减少了港口及其周边城市的大气污染物排放量。这些成果对于提升港口环境空气质量和促进可持续发展具有重要意义。目前,电动RTG已经成为新建集装箱码头的标准配置。

(2)靠港船舶使用岸电

岸电技术的运用是港口航运业绿色、低碳转型的重要里程碑。该技术允许停靠在港口的船舶通过连接码头的供电系统,直接使用来自市政电网的电力,实现了船舶在靠港期间的电力供应。在中国,岸电技术的推广和应用带来了显著的环境和经济效益。岸电技术的实施不仅有助于改善港口空气质量,减少温室气体排放,还有助于提升港口运营的能源效率和可持续性。随着技术的不断进步和政策的支持,岸电技术在中国的应用前景广阔,将为推动港口行业的绿色发展和环境保护做出更大的贡献。

(3)集装箱码头全电力自动化

集装箱码头作业实现全电力自动化是港口物流行业技改的一次革命性进步,它通过全面采用电力作为能源,实现了码头作业的自动化和环保化。这种码头的标志性特点在于,其所有关键设备——包括岸边的集装箱起重机、堆场内的RTG或RMG,以及负责水平运输的牵引车、自动导引车和自动跨运车等——均由电力驱动,从而彻底摒弃了传统的燃油动力系统。全电力自动化集装箱码头的实施,不仅实现了设备的全面电气化,而且在港口区域内实现了"零排放"的目标,即没有任何化石能源的使用和大气污染物与二氧化碳的排放。

集装箱码头全电力自动化是港口行业响应环保要求、实现绿色转型的重要举措,它不仅有助于提升港口的运营效率和安全性,更对于保护环境、促进社会经济的可持续发展具有深远的影响。随着全球对于环境保护和可持续发展的日益重视,集装箱码头全电力自动化将成为未来港口发展的重要趋势。

(4)港口流动机械电动化

目前,港口机械的能源类型主要包括电力、柴油和天然气三种。在国家环境保护标准不断提升的背景下,以柴油为动力的港口流动机械逐渐成为港口大气污染物和二氧化碳排放的主要排放源头。为了有效减少港口流动机械对环境的负面影响,港口行业正逐步推进电动化转型,即通过电力替代柴油燃料。这一转型不仅有助于减少大气污染物和二氧化碳的排放,而且对于推动港口绿色、可持续发展具有重要意义。港口流动机械电动化的实施策略主要有两种:一是对现有的港口流动机械进行电动化改造,使其能够使用电力作为新的能源;二是直接投资购置新型的电动化港口流动机械。电动化港口流动机械能够在港口区域内实现"零排放",显著提升环境质量,同时也为港口带来积极的社会效益,如改善港口工作人员的工作环境、降低噪声和减少污染等。

港口流动机械电动化是港口行业发展的必然趋势,它不仅有助于实现环境保护的目标,还能够提升港口的经济效益和社会形象,对于促进港口行业的可持续发展产生深远的影响。

(5)电动港作拖轮

电动港作拖轮采用电力作为主要动力源,以完成拖轮的助泊等作业任务。电动港作拖轮可以有效减少和降低拖轮在作业过程中产生的污染物和噪声,同时可以降低能源成本和运营成本。电动港作拖轮的技术原理与电动船舶技术相似,主要分为两种类型:一种是纯电动驱动方式,另一种是柴油电力混合驱动方式。

电动港作拖轮的应用尚处于起步阶段,据不完全统计,仅上海港、宁波舟山港、连云港港、青岛港、厦门港、珠海港、秦皇岛港等港口投产应用了8艘混动和纯电动拖轮。未来,随着电动技术的不断发展和成本的降低,电动港作拖轮有望得到更广泛的应用,为港口行业的可持续发展贡献更大的力量。

(6)热泵

热泵是一种高效的能源转换技术,将低温环境中的热能转移到高温环境中,实现能量的升级利用。按照获取低品位热能的方式,热泵系统可以被划分为空气源热泵、地源热泵和水源热泵。空气源热泵从大气中提取热能,地源热泵则是通过地下恒定温度的土壤、地下水等获取热能,而水源热泵则是利用水体中的热能。

目前热泵技术在港口行业中得到了一定的应用,尤其是在天津港、大连港、宁波舟山港、广州港等大型港口。热泵技术被用于满足办公楼宇的供暖或制冷需求,以及为员工提供洗浴热水等服务。实践表明,热泵技术在港口行业的应用具有较大的潜力,能够有效地提升能源的使用效率,降低运营成本,并减少对环境的影响。

随着全球对可持续发展和环境保护要求的提高,热泵技术在港口行业的应用前景十分广阔。通过持续的技术创新和政策引导,热泵技术有望在未来成为港口行业节能减排的重要手段,为建设绿色、低碳的现代化港口做出积极贡献。

(7)风光储一体化

由于风能和光能的间歇性和随机性,风、光独立运行系统很难提供连续稳定的能量输出。"风光储一体化"是通过优化整合本地电源侧、电网侧、负荷侧、储能侧资源,以先进技术突破和体制机制创新为支撑的新型电力系统。港口风光储一体化强调源、网、荷、储各环节间协调互动,充分挖掘港口内部灵活调节能力和需求侧资源,有利于提升系统运行效率和电源开发综合效益,既是实现电力系统高质量发展的客观需要,也是构建新能源供给消纳体系的现实举措,不仅有助于提升电网对可再生能源的吸纳能力,还能够促进能源结构的优化和能源利用效率的提升。

风光电+储能作为一种新兴的产业模式,其发展潜力巨大,对于推动能源革命和实现能源的高质量发展具有关键性作用,不仅能够促进能源供应的多样化和清洁化,还能为经济社会的可持续发展提供强有力的支撑。随着相关技术的不断进步和政策环境的日益完善,风光储一体化系统有望在未来能源体系中占据更加重要的地位。

(8)氢能应用

氢能作为一种清洁、高效的能源,已经在全球范围内引起了广泛关注,并被视为应对气候变化和构建低碳社会的关键产业发展方向。氢能的多样性应用潜力巨大,理论上,它不仅可以直接作为燃料进行燃烧,也可以转化为氢燃料电池,还可作为能量存储的介质。

考虑到安全性和技术成熟度,氢能主要通过氢燃料电池的形式应用于港口装卸设备。目前,氢燃料电池技术主要被应用于集装箱牵引车和轨道式起重机等设备,而在美国和日本,这项技术还被广泛应用于港口叉车,不仅提高了港口作业的效率,还减轻了港口运营的环境影响。

然而,氢燃料电池技术在中国港口的推广和应用仍面临一些挑战。由于初始购置成本相对较高,氢气的生产和供应尚未形成规模化,同时由于相关的基础设施建设审批流程复杂等因素,也在一定程度上制约了氢燃料电池技术在中国港口的广泛应用,仍需要政府、企业和研究机构共同努力。随着配套设施和政策制度的不断完善,氢能有望在未来的能源应用中发挥更加重要的作用。

2 轮胎式集装箱门式起重机"油改电"

2.1 发展背景及历程

2.1.1 发展背景

港口是港内作业机械和运输设备、集疏运车辆以及货运船舶活动密集,大量消耗燃油并集中产生大气污染物和温室气体排放的区域,设法将常规使用燃油作为动力的设备和车辆改成使用电力,减少这些设备、车辆和船舶在港区的大气污染物和温室气体排放,成为改善港区以及港口城市环境空气质量和建设低碳港口最为重要且有效的措施之一。

专业化的集装箱码头通常使用门式起重机作为堆场作业设备,包括轨道式集装箱门式起重机(RMG)和轮胎式集装箱门式起重机(RTG)。鉴于RTG具有初始投资少、对地基基础要求低、可分期分批购置等成本优势以及全场调度、机动灵活等便于生产组织管理的优点,成为全球近90%的集装箱码头选择的堆场作业设备,中国大陆的绝大多数集装箱码头也都选用RTG作为堆场作业设备。

常规的RTG使用柴油作为动力源,在集装箱码头正常运作和RTG正常使用的情况下,每年每台RTG作业集装箱10万标准箱(TEU)以上、消耗燃油超过100t,鉴于大多数集装箱码头消耗柴油产生大气污染物的设备主要为RTG等港口作业机械和运输设备以及集装箱集疏运车辆,RTG通常成为大多数集装箱码头自身可控的主要的大气污染物和温室气体排放来源之一。

使用更加清洁的能源取代柴油作为RTG的动力源,将有利于减少港区RTG的大气污染物和温室气体排放,改善港区乃至港口城市的环境空气质量并为低碳港口建设创造条件。

2.1.2 行政要求

（1）2011年6月27日，交通运输部发布的《公路水路交通运输节能减排"十二五"规划》（交政法发〔2011〕315号）将RTG"油改电"作为技术性节能减排的重要内容，要求"基本完成轮胎式集装箱门式起重机'油改电'技术改造"。

（2）2011年8月31日，交通运输部发布的《"十二五"水运节能减排总体推进实施方案》（交水发〔2011〕474号），将推广应用RTG"油改电"技术作为"开展重点技术和典型经验推广应用工作"的主要内容。

2.1.3 标准规范

为推动RTG"油改电"以及电动RTG的应用，交通运输部组织制定了电动RTG相关行业标准，2011年10月21日，交通运输部发布了行业标准《电动轮胎式集装箱门式起重机》（JT/T 806—2011），并于2011年12月20日起开始施行。该标准为系列标准，第1部分为总则，第2部分为刚性滑触线式，第3部分为高架滑触线式，第4部分为电缆卷筒式。

2.1.4 经济激励

2011年6月20日，财政部和交通运输部联合发布《交通运输节能减排专项资金管理暂行办法》（财建〔2011〕374号），交通运输部利用交通运输节能减排专项资金用"以奖代补"的方式激励港航企业实施船舶节能减排项目，开展节能减排工作。"十二五"期间，各年度的交通运输节能减排专项资金申请指南均将有关岸电项目作为奖励对象：

（1）2011年度奖励对象包括集装箱码头RTG"油改电"技术应用；

（2）2012年度奖励对象包括集装箱码头RTG"油改电"技术应用；

（3）2013年度和2014年度奖励主要针对区域性主题性项目，集装箱码头RTG"油改电"技术应用可以单独奖励；

（4）2015年度奖励主要针对区域性主题性项目，集装箱码头RTG"油改电"技术应用涵盖在绿色循环低碳公路（港口）主题性项目中予以奖励。

2.2 技术原理及方案

2.2.1 技术原理

RTG"油改电"是指RTG用电力驱动代替柴油驱动,以解决RTG上应用柴油发电机带来的能源利用效率低、发动机维护成本高以及大气污染物和温室气体排放多等不足的技术问题。

"油改电"RTG使用电力取代柴油作为动力,一方面,RTG在运营过程中,通常有效使用时间只占30%,其余约70%的时间处于等待装卸集装箱的怠机消耗状态,空耗严重;使用电力后,RTG可以大量减少怠机消耗状态,减少能源消耗,从而减少港区大气污染物和温室气体排放以及外购电力的间接排放;另一方面,单个发动机即便采用减排措施,与电厂采用脱硫、脱氮、降尘措施相比较,能源消耗大、减排效果差。因此,RTG"油改电"可以有效减少大气污染物和温室气体排放,此外,还能大幅降低现场噪声。

2.2.2 实施方案

1) 低架滑触线改造方案

码头或船舶采用低空刚性滑触线架线技术,对集电器与滑触线之间的相对位置要求严格。集电器固定支架与滑触线之间的横向偏移不得超过15mm,纵向偏移不得超过20mm,对集电车的牵引技术要求较高,设备与滑触线之间的距离必须能够保证实时监控,禁止发生碰撞。关键技术及功能包括:

(1) 集电车采用轨道式、柔性牵引技术,行走轮、导向轮采用防水、免维护、防坠落设计,确保集电车在设备误差允许范围内安全、可靠运行。

(2) 基于超声波测距技术的自动纠偏与防碰撞安全装置,本设备可实现大车行走的自动纠偏或自动停机,精度可根据需要设定。

(3) 大功率、自动断电功能的电力快速接头技术的运用,确保操作人员安全,实现了动力的快速切换,为设备转场作业提供便利。

(4) 集装箱区末端无电段设计,可强制断电,确保电力轮胎式集装箱门式起重机(ERTG)不会冲出箱区。图2-1为RTG"油改电"低架滑触线改造方案设施。

图 2-1　RTG"油改电"低架滑触线改造方案设施

2）高架滑触线改造方案

高架滑触线采用双钩铜滑线大跨距、高空、柔性架设。受跨距及重力下垂等因素影响，铜滑线的摆动及平整度较难控制。此外，供电线路的防跑偏、防台风、防雷功能也较为重要。该方法对高空滑触线架线技术、防摆技术、滑触线平整度保证技术及防跑偏功能等要求较高。关键技术及功能包括：

（1）集电器稳定性技术，保证供电系统能够承受RTG启动的大电流冲击。

（2）集电器防跑偏技术，集电器左右各有1m的摆动自由度，保证RTG跑偏的状况下也能够可靠地供电，类似城市无轨电车的供电方式，确保了设备转场灵活。

（3）超高铜滑触线防雷、防台风、防大雨漏电安全保护技术，实现了设备安全供电，安全作业。

（4）长距离、大跨距铜滑触线平整度保证技术，采用吊线器均布和不等长安装的方式，使铜滑线基本保持水平，吊线器的间隔距离则不须过长。

（5）大跨距、超高铜滑线防摆技术，采用端部设置配重横担，中部间隔设置防摇横担的方式减少滑触线高空摇摆。防摇横担确保了相邻滑触线之间的距离保持不变，端部配重横担则能够使各滑触线的张紧力趋于相等。

图2-2为RTG"油改电"高架滑触线改造方案设施。

3）电缆卷盘改造方案

电缆卷盘改造方式是在RTG门架一侧设置电缆卷筒，电缆缠绕在电缆卷筒上，电缆的一端与RTG的整机供电回路连接，另一端沿着码头地面的电缆槽，连接至相应的岸电箱。RTG行走时，电缆卷筒根据RTG与岸电箱的距离收放电缆。关键技术包括：

（1）配置有效的换向装置，可使用较少的电缆。

（2）换向装置及电缆与岸电箱的插头、插座能够保证电缆方便快捷地插拔。

（3）电缆卷筒设置有编码器和凸轮限位，实现电缆满盘或空盘检测，并提供保护。

（4）选择合理的上机电压，以便在成本及操作性之间找到一个较佳的平衡点。

图2-2　RTG"油改电"高架滑触线改造方案设施

图2-3为RTG"油改电"电缆卷盘改造方案。

图2-3　RTG"油改电"电缆卷盘改造方案

对比RTG"油改电"三种改造方案，结果表明：低架滑触线改造方案工程量小、投资省，但受滑触线刚性立柱影响设备转场不方便，比较适合小型或单独成区的堆场使用；高架滑触线改造方案可实现跨箱区无转场作业，更加适合专业化集装箱码头使用，但其受架设高度、场地、自然条件及建设规模影响较大；电缆卷盘改造方案需要设置1机1线，改造复杂、成本高，适合小规模堆场使用，需要频繁转场的大型专业化集装箱码头不宜采用。因此，小型码头较适合用电缆卷盘改造方案，中小规模码头可选用低空滑触线改造方案，中大规模码头更适合用高架滑触线改造方案。

2.3 典型案例及效果

2.3.1 典型案例

浙江五洲乍浦港口有限公司于2010年在集装箱堆场上建设了ERTG专用供电设施，同年年底将6台由上海振华重工(集团)股份有限公司(简称"振华重工")(ZPMC)制造的RTG的动力源从原来的完全依靠柴油发电机组，改为主要依靠市电供电；同时在该集装箱堆场上再投入使用4台由诺尔起重设备有限公司制造的ERTG，实现了公司RTG"油改电"的目标。传统RTG由柴油发电机组供电，不但效率低、能耗大，且随着国际原油市场的动荡及燃油价格的不断上涨，RTG的运营成本不断攀升。同时RTG柴油机组供电方式存在维护量大、运行中废气排放高、噪声大等缺点，与低碳环保要求存在较大差距。实施RTG"油改电"项目有效解决了柴油机机组能量转换效率低、能耗大、成本高、污染大等弊端，在提高能源利用效率、减少直接温室气体排放以及提高企业经济效益的同时，也取得了巨大的社会效益及生态效益。

该项目根据项目实施前1年内实施改造的全部RTG的年度耗油量和年度作业量，确定项目实施前RTG的单位作业耗油量为1.15kg/TEU；在全面实施RTG"油改电"项目之后，RTG使用电力作业集装箱平均电耗为1.6kW·h/TEU。减少码头直接二氧化碳排放3.69kg/TEU，减少直接和间接二氧化碳排放2.75kg/TEU。

2.3.2 应用效果

"十二五"期间，我国大多数集装箱码头完成了RTG"油改电"，ERTG总数超过2000台，仅有少数RTG没有进行"油改电"，主要原因包括改造受场地空间制约、港口突发停电的情况下满足特殊堆场作业需要、RTG接近报废淘汰的时间等。根据估算，这些"油改电"的RTG目前每年大约在中国集装箱港口减少25万t柴油的使用，减少港区间接二氧化碳排放约80万t，相应地在港区减少大量大气污染物的排放，为改善港口乃至港口城市的环境空气质量作出了贡献。

目前，电动RTG已经和RMG成为新建集装箱码头的标准配置。

3　靠港船舶使用岸电

靠港船舶通常利用其辅机燃油发电,满足船上冷藏、空调、加热、通信、照明、应急和其他设备的电力需求。船舶辅机燃油发电过程中会排放大量硫氧化物、氮氧化物和颗粒物等空气污染物,恶化港区乃至港口城市的环境空气质量,影响港口工作人员和城市居民的身体健康。分析表明,靠港船舶大气污染物排放是港区大气污染物的主要来源之一。

尽管中国大量电力来自燃煤火力发电厂,但是长期以来,中国强化了电厂的节能减排工作,目前中国燃煤电厂发电的排放控制水平大大提高,已经达到使用天然气发电的排放水平。此外,中国增加了水力、太阳能等可再生能源以及天然气、核能等清洁能源发电份额,因此,中国靠港船舶使用电力替代燃油发电,既能够有效减少靠港船舶的大气污染物排放,成为建设绿色港口、改善港区乃至港口城市环境空气质量的重要手段,也能够从总体上减少全国大气污染物排放。

靠港船舶使用岸电既需要港口具备岸电供电能力,也需要船舶具备岸电受电能力。靠港船舶使用岸电,大量减少港区船舶大气污染物排放,受益的是对当地空气质量负责的地方政府和港口城市民众,为此,需要港口城市的上级政府、港口行政主管部门及中央政府,共同为减少靠港船舶的大气污染物排放和二氧化碳直接排放贡献力量。

3.1　发展背景及历程

3.1.1　发展背景

根据美国加利福尼亚州空气资源委员会(CARB)采用的远洋船舶排放估算方法,船舶辅机使用不同类型燃油发电的大气污染物排放因子见表3-1。

船舶辅机燃油发电大气污染物排放因子 表3-1

燃油类型品质	排放因子[g/(kW·h)]							
	CH_4	CO	CO_2	NO_x	PM_{10}	$PM_{2.5}$	ROG	SO_x
硫含量0.1%的船用柴油	0.07	1.10	588	17.0	0.25	0.23	0.78	0.36
硫含量0.5%的船用柴油	0.07	1.10	588	17.0	0.38	0.35	0.78	1.90
硫含量2.5%的船用重油	0.08	1.38	620	18.1	1.50	1.46	0.69	10.50

注：ROG表示活性有机气体。

船舶靠港期间辅机发电容量需求较大，根据CARB的研究报告，不同类型船舶靠港期间辅机平均功率需求见表3-2。正常使用的码头，泊位利用率通常高于50%，由此可以推算：靠港船舶辅机发电消耗的燃油量和排放的大气污染物相当可观。

不同类型船舶靠港期间辅机平均功率 表3-2

船舶类型	靠港平均功率需求	船舶类型	靠港平均功率需求
集装箱船	1~4MW	滚装船	700kW
邮轮	7MW	油船	5~6MW
冷藏船	2MW	散货船	0.3~1MW

由2015年我国珠三角港口挂靠船舶靠港期间消耗燃油和排放大气污染物的量化分析结果可知，当年在珠三角港口挂靠的3000DWT（载重吨）及其以上吨级的集装箱船、干散货船、液体散货船、杂货船和滚装船靠港期间消耗的燃油总量达到23.4万t，估算排放的硫氧化物、氮氧化物、可吸入颗粒物和细颗粒物分别达到8500t、10400t、1020t和930t。

由此可见，靠港船舶大气污染物排放是港区大气污染物的主要来源之一，有效减少靠港船舶的大气污染物排放，是建设绿色港口、改善港区乃至港口城市环境空气质量的重要手段。

3.1.2 政策法规

经修订并于2016年1月1日实施的《中华人民共和国大气污染防治法》第63条第2款规定："新建码头应当规划、设计和建设岸基供电设施；已建成的码头应当逐步实施岸基供电设施改造。船舶靠港后应当优先使用岸电"。

2023年10月新修订的《中华人民共和国海洋保护法》于2024年1月正式实施。第一百一十条规定："具备岸电供应能力的港口经营人、岸电供电企业未按照国家规定为具备岸电使用条件的船舶提供岸电的"或"具备岸电使用条件的船舶靠港,不按照国家规定使用岸电的",处一万元以上十万元以下的罚款,情节严重的,处十万元以上五十万元以下的罚款。

3.1.3 行政要求

(1)2011年6月27日,交通运输部发布《公路水路交通运输节能减排"十二五"规划》(交政法发〔2011〕315号),将"推广靠港船舶使用岸电"作为"绿色港航建设工程"的重要内容,提出"鼓励新建码头和船舶配套建设靠港船舶使用岸电的设备设施,鼓励既有码头开展靠港船舶使用岸电技术改造,以及船舶使用岸电的技术改造。在国际邮轮码头、主要客运码头以及有条件的大型集装箱和散货码头实现靠港船舶使用岸电"。

(2)2011年8月31日,交通运输部发布《"十二五"水运节能减排总体推进实施方案》(交水发〔2011〕474号),将制定鼓励靠港船舶使用岸电政策、试点靠港船舶使用岸电、推动靠港船舶使用岸电作为"十二五"期间的重点工作。

(3)2015年8月31日,交通运输部发布的《船舶与港口污染防治专项行动实施方案(2015—2020年)》(交水发〔2015〕133号)确定的11项主要任务之一就是"大力推动靠港船舶使用岸电",提出"推动建立船舶使用岸电的供售电机制和激励机制,降低岸电使用成本,引导靠港船舶使用岸电。开展码头岸电示范项目建设,加快港口岸电设备设施建设和船舶受电设施设备改造",并且"2015年底前,加大码头岸电推进力度,发布一批新的示范项目名单。2016年底前,积极协调配合有关部门建立靠港船舶使用岸电供售电机制;完善港口岸电设施建设相关标准和船舶使用岸电的鼓励政策。2018年底前,重点在珠三角、长三角、环渤海(京津冀)排放控制区主要港口推进建设岸电设施,鼓励其他港口积极推进船舶靠港使用岸电"。

(4)2016年5月16日,国家发展改革委等8部门发布的《关于推进电能替代的指导意见》(发改能源〔2016〕1054号),明确要求交通运输领域"在沿海、沿江、沿河港口码头,推广靠港船舶使用岸电和电驱动货物装卸"。

(5)2018年6月27日,国务院发布的《打赢蓝天保卫战三年行动计划》(国发〔2018〕22号),要求"推动靠港船舶和飞机使用岸电",目标是"2020年底前,沿海主要港口50%以上专业化泊位(危险货物泊位除外)具备向船舶供应岸电的能力"且"新建码头同步规划、设计、建设岸电设施"。

(6)2018年9月10日,交通运输部发布的《关于加快长江干线推进靠港船舶使用岸电和推广液化天然气船舶应用的指导意见》（交办规划〔2018〕120号），明确了从加大政策支持力度、加快完善标准规范、强化监督应用与技术创新角度，加快在长江干线推进靠港船舶使用岸电的任务和要求。

3.1.4　标准规范

2012年以来国家和交通运输部发布并实施了以下岸电相关标准：

（1）2023年4月12日，交通运输部发布了行业标准《码头岸电设施运行维护技术规范》（JTS/T 313—2023）。该标准自2023年6月1日起施行。

（2）2019年5月5日，交通运输部发布了行业标准《码头岸电设施建设技术规范》（JTS 155—2019）。该标准自2019年6月1日起施行。

（3）2019年5月5日，交通运输部发布了行业标准《码头岸电设施检测技术规范》（JTS 155-1—2019）。该标准自2019年6月1日起施行。

（4）2018年7月10日，住房和城乡建设部发布了国家标准《码头船舶岸电设施工程技术标准》（GB/T 51305—2018）。该标准自2018年12月1日起施行。

（5）2018年3月15日，国家质量监督检验检疫总局（现"国家市场监督管理总局"）、国家标准化管理委员会发布了国家标准《靠港船舶岸电系统技术条件》（GB/T 36028—2018）。该标准为系列标准，第一部分为高压供电，第二部分为低压供电，自2018年10月1日起施行。

（6）2012年7月5日，交通运输部发布了行业标准《港口船舶岸基供电系统技术条件》（JT/T 814—2012）。该标准为系列标准，第一部分为高压上船，第二部分为低压上船，自2012年10月1日起施行。

（7）2012年7月5日，交通运输部发布了行业标准《港口船舶岸基供电系统操作技术规程》（JT/T 815—2012）。该标准为系列标准，第一部分为高压上船，第二部分为低压上船，自2012年10月1日起施行。

此外，2013年4月9日交通运输部发布，自2013年6月1日施行的《绿色港口等级评价标准》（JTS/T 105-4—2013)，将应用靠港船舶使用岸电技术作为评造"五星级"码头的必要条件。

3.1.5　经济激励

（1）2011年6月20日，财政部和交通运输部联合发布《交通运输节能减排专项资金管理暂行办法》(财建〔2011〕374号),交通运输部利用交通运输节能减排专项资金用"以奖代补"的方式激励港航企业实施船舶节能减排项目,开展节能减排工作。"十二五"期间,各年度的交通运输节能减排专项资金申请指南均将有关岸电项目作为奖励对象:

①2011年度奖励对象包括靠港船舶使用岸电技术的应用;

②2012年度奖励对象包括靠港船舶使用岸电技术的应用;

③2013年度和2014年度奖励主要针对区域性主题性项目,靠港船舶使用岸电技术的应用可以单独奖励;

④2015年度奖励主要针对区域性主题性项目,靠港船舶使用岸电技术的应用涵盖在绿色循环低碳公路(港口)主题性项目中予以奖励。

(2)2015年8月27日交通运输部发布《船舶与港口污染防治专项行动实施方案(2015—2020年)》(交水发〔2015〕133号),设定了推广靠港船舶使用岸电要求,经财政部和交通运输部报请国务院同意,安排车辆购置税资金以奖励方式支持加快港口岸电设备设施建设和船舶受电设施设备改造项目,奖励2016年1月1日至2018年3月31日期间完成交工验收的靠港船舶使用岸电项目,包括沿海和内河港口岸电设备设施建设、船舶受电设施设备改造项目。共奖励港航企业200余个岸电项目,累计利用奖励资金7.43亿元。

3.2 技术原理及方案

3.2.1 技术原理

靠港船舶使用岸电就是将市政电网的电力,从码头供电系统引到设在码头上的船舶岸上供电系统。船舶靠港后,利用船岸连接系统连接码头上的船舶岸上供电系统和船载受电系统,通过船载受电系统向船舶供应市政电网电力,满足船上冷藏、空调、加热、通信、照明、应急和其他设备的电力需求,取代船上辅机燃油发电的过程。

靠港船舶使用岸电取代辅机燃油发电,将有效减少港区大气污染排放、改善港区乃至港口城市的环境质量。与此同时,通过增加水力、太阳能等可再生能源或天然气、核能等清洁能源发电份额或者致力于提高火力发电厂节能减排水平,集中采用脱硫、脱氮和除尘等环保技术,也可以降低火力发电的污染物排放强度,达到较船舶辅机燃油发电更低的程度,从而也有利于减少污染物排放总量。以我国为例,通过长期的努力,一方面,清洁能源或可再生能源发电的份额不断提高,火力发电的份额由2010年的79%下降到2017年的72%,水力和核能发电的份额由19%提高到22%;另一方面,根据统计,在2010年,我国火力发电的二氧化硫、氮氧化物和细颗粒物排放强度分别为 2.883×10^{-3} kg/(kW·h)、2.795×10^{-3} kg/(kW·h)和 0.295×10^{-3} kg/(kW·h),均显著低于船舶辅机使用硫含量2.5%的船用重油发电排放强度。

实际上,鉴于港口区域内港口作业机械、运输车辆以及船舶集中作业、大气污染物排放相对集中,港口及其周边区域环境污染严重,而港口工作人员众多、临港工业区工作人员密集,此外,我国民众喜欢临水临海居住,港口附近有居民集中居住区,即使靠港船舶使用岸电只是将大气污染物排放转移到发电厂,也能够有效减少靠港船舶对民众健康的影响程度。

3.2.2 实施方案

要实现靠港船舶使用岸电,需要满足以下全部条件:

(1)港口或者港口电力供应公司申请到为船舶供电的电力供应容量,有能力负担增容费;

(2)港口有能力投资建设船舶岸上供电系统且投资成为经济优选或者必然的选择;

(3)船舶公司有能力投资建设船载受电系统且投资成为经济优选或者必然的选择;

(4)港口或者港口电力供应公司向靠港船舶供应岸电成为有益、经济优选或者必然的选择;

(5)船舶使用岸电成为有益、经济优选或者必然的选择;

(6)靠港船舶使用电力与地方经济社会发展用电没有实际应用上或者政策上的矛盾;

(7)城市供电系统有能力并且愿意为船舶供应电力;

(8)港口或者港口电力供应公司有能力维护、管理和安全操作船舶岸上供电系统和船岸连接系统;

(9)船舶有能力维护、管理和安全操作船载受电系统和船岸连接系统;

(10)港口或者港口电力供应公司与船舶公司对于船舶使用岸电用电计量和用电费收协商达成一致意见。

只有完全满足上述条件,才能实现靠港船舶使用岸电,从而有效减少靠港船舶大气污染物排放,改善港区乃至港口城市的环境空气质量。

码头配备船舶岸上供电系统、船舶配备船载岸电受电系统以及码头或船舶配备与上述岸上供电系统和船载受电系统配套的船岸连接系统是靠港船舶使用岸电必备的硬件条件。图3-1为一套高压上船靠港船舶使用岸电系统硬件配置构成示意图,位于码头陆域的"高压变频配电房"、位于码头前沿的"高压接电箱"以及其间的电缆连接构成船舶岸上供电系统;从码头前沿"高压接电箱"到"船载变电站"之间的连接电缆及"高压电缆卷车"构成船岸连接系统;"船载变电站"作为船上受电系统,与船舶电站相连接。

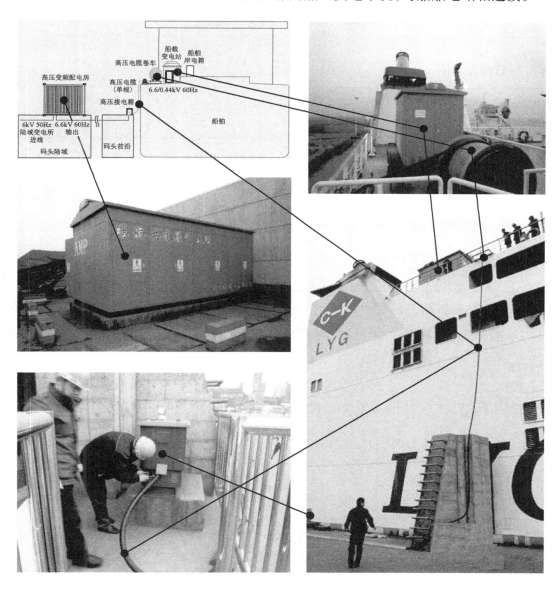

图3-1　一套高压上船靠港船舶使用岸电系统示意图

现有靠港船舶使用岸电系统硬件配置的方式和特点见表3-3。靠港船舶使用岸电系统是上述硬件配置功能的组合,如市政电网频率为50Hz的情况下,可以配置一个既可以通过变频装置供应60Hz电力,也可以不经过变频装置直接供应50Hz电力的船舶岸电供电系统。

现有靠港船舶使用岸电系统硬件配置的方式和特点 表3-3

岸上供电系统		船岸连接系统	船载受电系统
电压	频率	电缆及卷车提供方	变压
低压 230V/400V/450V	50Hz	码头	×
	60Hz		
高压 6kV/6.6kV/11kV	50Hz	码头	×
			√
		船舶	×
			√
	60Hz	码头	×
			√
		船舶	×
			√

除了码头和船舶上的硬件配置外,靠港船舶使用岸电系统还需要配置相应的软件,实现船岸实时监测、实时控制,电压自动跟踪、自动调整、自动稳压、远程修复等功能。

3.3 典型案例及效果

3.3.1 典型案例

(1)深圳港

截至2020年12月底,深圳港切实落实了交通运输部的《港口岸电布局方案》(交办水〔2017〕105号)要求,集装箱、客滚、邮轮、3000吨级以上客运和50000吨级以上干散货专业化泊位岸电设施建设完成比例见表3-4。

截至2020年12月底深圳港岸电建设情况表　　　　　表3-4

港口企业	泊位数	已建泊位	岸电套数	占比	在建泊位
盐田国际集装箱码头	20	16	6	80%	1
蛇口集装箱码头	9	8	3	89%	0
赤湾集装箱码头	6	6	2	100%	0
大铲湾集装箱码头	5	5	4	100%	0
海星及妈湾码头	5	0	0	0	5
妈湾电厂码头	2	2	2	100%	—
邮轮码头	1	1	1	100%	—
合计	48	38	18	79%	6

2020年,深圳港受新冠疫情影响,为防止国外疫情输入,港口岸电大部分停用。

(2)连云港港

连云港港是交通运输部组织的靠港船舶使用岸电试点的港口之一,2010年成为第一个使用岸电供电系统的港口,为当时运行在连云港和韩国仁川之间的"中韩之星"的定期航行客滚船提供岸电供电服务,多年来,该港一直重视岸电应用。在2021年新冠疫情形势下,该港两个国际航行客滚船舶泊位69泊位和27泊位共计靠泊船舶186艘次,高压岸电接电123艘次("和谐云港"轮97艘次、"紫玉兰"轮26艘次),接电完成率66%,其中"和谐云港"轮100%靠港艘次使用岸电,"紫玉兰"轮30%靠港艘次使用岸电。37泊位完成45艘次船舶靠港岸电;累计用电量991322.5kW·h,累计使用时长2343.7h,平均每日靠港船舶使用时长6.5h。

2021年"紫玉兰"轮未使用岸电的艘次包括4艘次受气候影响;50艘次因泊位紧张及生产因素影响;7艘次因船方每隔一段时间需要对机动救生艇进行一次正倒车试验,下放左右两侧救生艇,靠泊位置方向发生改变而无法使用岸电。另外,该轮7月进坞检修40天,未航行。

3.3.2 应用效果

在我国,靠港船舶每使用1kW·h电力,约相当于减少0.215kg燃油在港区的使用,除了可以减少大量大气污染物的排放外,靠港船舶辅机使用残渣燃料油发电,可以减少港区范围内0.31kg二氧化碳的直接排放或者减少0.18kg二氧化碳的间接排放,节能率达

60%;辅机使用馏分燃料油发电,可以减少港区范围内0.31kg二氧化碳的直接排放或者减少0.19kg的直接和间接二氧化碳总排放,节能率达61%。

截至2019年底,我国建成港口岸电供电系统5400余套,覆盖泊位7000余个。全国除安徽省、广西壮族自治区外,2019年各省区约6万艘次船舶靠港使用岸电,使用岸电总量约$4500×10^4 kW·h$,其中沿海港口使用岸电约2.8万次,使用岸电总量约$3300×10^4 kW·h$;内河港口使用岸电约3.2万次,使用岸电总量约$1200×10^4 kW·h$。

2020年初受新冠疫情影响,国际航行船舶船员与码头工作人员联系和协同操作岸电供电和受电系统受到制约,靠港国际航行船舶使用岸电几乎停滞。截至2020年底,全国具备岸电供电能力的泊位7500余个,其中长江经济带具备岸电供电能力的泊位4700余个。2020年长江港口使用岸电约23万艘次,231万h,500万kW·h。

2021年,长江经济带11省市船舶使用岸电49.9万余艘次、553.5万h,使用岸电量6570万kW·h(其中三峡岸电实验区使用岸电3525艘次,用电量676.3万kW·h,在受疫情影响旅游客船停航4个月情况下仍同比增长235%),相当于替代燃油1.45万t,大幅减少港区大气污染物排放的同时,减少二氧化碳直接排放约4.7万t。截至2022年底,我国岸电覆盖泊位1200多个。

4 集装箱码头全电力自动化

全电力自动化集装箱码头是指全部由电力作为能源的自动化集装箱码头。除自动化集装箱码头的岸边集装箱起重机、堆场的轨道式集装箱门式起重机(RTG)或轮胎式集装箱门式起重机(RMG)使用电力驱动外,水平运输车辆如自动导引车或自动跨运车等均采用电力驱动。

全电力自动化集装箱码头在国家大力推进绿色交通、智慧交通的背景下得到了快速发展,很好地融合了绿色和智慧理念,是港口建设世界一流的绿色港口、智慧港口的有力抓手。我国作为全球最大的集装箱进出口国,最近几年,一些大型港口自动化集装箱码头的建设取得了快速进展。建设自动化集装箱码头正成为我国沿海各集装箱枢纽进一步提升竞争力和影响力的重要手段。

我国首个自动化集装箱堆场于2005年在上海港外高桥自动化空箱堆场建成并投入试运行。2007年振华重工推出了高效环保型全自动化集装箱码头装卸系统,并在振华重工长兴岛基地建成全尺寸运行试验系统。2015年厦门港自动化集装箱码头投入运营,随后青岛港、上海港自动化集装箱码头也相继投入运行,中国的自动化集装箱码头进入了快速发展期。

根据2024年6月26日国务院新闻办公室举行的新闻发布会信息,截至2024年6月,我国已建成自动化集装箱码头21座。全电力自动集装箱码头引领世界绿色智慧港口的新潮流,我国自动化集装箱码头设计建造技术、港口机械装备制造技术达到世界领先水平。

4.1 发展背景及历程

4.1.1 发展背景

智能化是降低能耗和碳排放的一个重要手段。一方面智能化能够提高效率,从而降低能耗。另一方面，智能化与电能替代关系十分紧密，在国家大力推进碳达峰碳中和政策之前，有一种发展趋势是采用完全电气化的码头，主要是为了支持自动化，如目前建成的全自动化集装箱码头无一例外地采用了电力驱动的水平运输车辆（自动导引车或自动跨运车），从而实现了自动化集装箱码头的全电力化。

港口智能化的一个重要原因是人工成本的增加，由于码头作业环境恶劣，码头面临招工难和人工成本增加的困难。另外，国家、行业越来越重视绿色低碳发展，电气化是自动化集装箱码头设备的发展趋势。

2019年爆发的新冠疫情，要求码头作业尽量减少人员接触，这种情况下码头运营更需要智能化、无人化。码头还必须承担与防控新冠疫情相关的健康和安全要求所带来的更高成本。新冠疫情使得主要集装箱码头"加速数字化进程，推动变革"，提高码头运营效率。采用数字化和智能化技术是目前集装箱航运业生存的根本。新冠疫情下的经济发展暴露了供应链的弱点，供应链在很大程度上仍然依赖于效率低下的线下纸面单据的申请审批流程，特别是在食品、药品和冷藏集装箱运输等产品方面。在全球疫情的局势下，几乎无人的自动化集装箱码头对各国而言是非常重要的，因为港口作为物资交换的重要通道，往往也容易成为病毒传播的主要场所，采用自动化集装箱码头可以避免人类在第一时间接触病原体，而且可以率先对进口的货物进行集中消杀，将感染率降低。

4.1.2 政策法规

（1）2014年8月19日，交通运输部发布《公路水路交通运输主要技术政策》（交科技发〔2014〕165号），提出推广应用港口装卸专业化、智能化技术，提高港口装卸效率。支持集装箱码头向智能化方向发展，鼓励应用集装箱码头自动化装卸与搬运工艺，鼓励集装箱物流全程实时在线监控。

（2）2019年9月20日，中共中央、国务院印发《交通强国建设纲要》，提出推进装备技术升级，推广新能源、清洁能源、智能化、数字化、轻量化、环保型交通装备及成套技术装备。广泛应用智能高铁、智能道路、智能航运、自动化码头、数字管网、智能仓储和分拣系统等新型装备设施，开发新一代智能交通管理系统。

（3）2019年11月13日，交通运输部发布《关于建设世界一流港口的指导意见》（交水发〔2019〕141号），提出加快智慧港口建设，建设智能化港口系统，加强自主创新、集成创新，加大港作机械等装备关键技术、自动化集装箱码头操作系统、远程作业操控技术研发与推广应用，积极推进新一代自动化码头、堆场建设改造。

（4）2021年10月，交通运输部发布的《水运"十四五"发展规划》提出建设智慧港口。聚焦智能生产运营，提升港口码头智能化水平。加快推进5G（第5代移动通信技术）、北斗等应用，在港口重点区域实现深度覆盖。加大既有集装箱、大宗干散货码头装卸设施的远程自动操控改造、港内无人集装箱卡车应用。建设新一代自动化码头，应用云计算、大数据、区块链、人工智能、物联网等技术，整合港口、航运、贸易等数据，建设港口"智慧大脑"。创新港口生产运营模式，提升生产运营和安全绿色的自动化、智能化水平。推进BIM（建筑信息模型）+GIS（地理信息系统）技术在港口规划、设计、建造、维护等各阶段的应用，促进全生命周期的数字化管理。

（5）2023年12月，交通运输部发布《交通运输部关于加快智慧港口和智慧航道建设的意见》（交水发〔2023〕164号），提出到2027年，全国港口和航道基础设施数字化、生产运营管理和对外服务智慧化水平全面提升，建成一批世界一流的智慧港口和智慧航道。在推进生产运营管理智慧化任务中，提出有序推进集装箱码头作业自动化。加快推动上海港、大连港、天津港、青岛港、宁波舟山港、厦门港、深圳港、广州港等具备条件的国际枢纽海港和苏州港、南京港、芜湖港、武汉港、济宁港等具备条件的内河港集装箱码头自动化建设或改造。鼓励港口企业实施岸桥、场桥等大型设备设施远程操控改造。推进新一代自动导引车（AGV）、无人集卡（集装箱卡车）等智能化运输设备规模化应用。加快研发新一代自主可控的自动化集装箱码头生产管理系统，并有序推广应用。

4.1.3　标准规范

为推动全电力自动化集装箱码头的应用，交通运输部组织制定了相关行业标准。

（1）2023年11月24日，交通运输部发布了行业标准《自动化集装箱起重机远程操控安全作业规程》（JT/T 1485.2—2023）。该标准为系列标准，第一部分为岸边集装箱起重机，第二部分为集装箱门式起重机，自2024年3月1日起施行。

（2）2023年5月23日，国家市场监督管理总局、国家标准化管理委员会发布了国家标准《自动化集装箱码头操作系统技术要求》（GB/T 42806—2023）。该标准自2023年9月1日起施行。

（3）2021年6月28日，交通运输部发布了行业标准《自动化集装箱码头建设指南》（JTS/T 199—2021）。该标准自2021年8月1日起施行。

（4）2021年6月18日，交通运输部发布了行业标准《集装箱自动导引车》（JT/T 1377—2021）。该标准自2021年10月1日起施行。

(5)2019年12月20日,交通运输部发布了行业标准《自动化集装箱码头设计规范》(JTS/T 174—2019)。该标准自2020年3月15日起施行。

4.1.4 经济激励

2011年6月20日,财政部和交通运输部联合发布《交通运输节能减排专项资金管理暂行办法》(财建〔2011〕374号),交通运输部利用交通运输节能减排专项资金用"以奖代补"的方式激励港航企业实施节能减排项目,开展节能减排工作。有关港口信息化、智能化方面的奖励有:营运车辆和港口智能化运营管理系统应用,主要是针对港口智能化运营管理系统方面的补贴。

由于项目实施时自动化集装箱码头还没有开始建设,因此我国自动化集装箱码头建设没有享受到相关经济激励。

4.2 技术原理及方案

4.2.1 技术原理

自动化集装箱码头是指应用自动化作业设备以及配套的管理和控制软件,形成一个完整的集装箱装卸作业工艺系统,该系统可以全部或部分替代通常需要由人工控制的复杂的集装箱搬运和装卸作业,使得需要配备的码头现场生产人员大量减少的集装箱码头。

目前,全电力自动化集装箱码头水平运输车辆的驱动方案主要采用"锂电池+电机"的电力驱动,锂电池通过充电获得电力,作为含体型能源随车为水平运输车辆提供能源。根据充电方式的不同,可分为机会充电和换电两种形式。机会充电是在自动导引车等水平运输车辆在堆场端部装卸集装箱时,同时进行短暂的充电,是边等待作业边充电的方式,可以使车辆始终保持较充足的电量状态;换电是自动化集装箱码头设有换电站,自动导引车等水平运输车辆会根据电量情况自动到换电站进行更换电池,换电的时间较短。

全电力自动化集装箱码头实现了所有设备的电气化,在港口属地实现"零排放",无化石能源使用,将显著降低码头大气污染物排放,改善港口和周边区域的环境空气质量。

4.2.2 实施方案

(1)单小车岸桥+自动导引车+自动化轨道式龙门起重机(ARMG)方案

荷兰鹿特丹港Europe Combined Terminals(ECT)码头的Delta Sealand、Delta Dedicated及Dedicated Wes自动化集装箱码头采用这种装卸工艺。这是第一代自动化集装箱码头的典型装卸工艺,如图4-1所示。

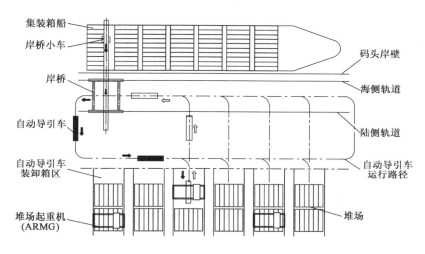

图4-1 单岸桥小车与自动导引车、ARMG装卸工艺

岸桥小车将集装箱从集装箱船上取下后,运到岸桥跨距内自动导引车的停放位置,将集装箱放到相应的自动导引车上面,然后自动导引车按照过程控制系统给定的路线将集装箱水平运输到堆场靠近岸边一侧装卸箱区,等待堆场起重机来卸集装箱。集装箱被卸下后,自动导引车再进行下一个集装箱的水平运输。

岸桥装卸点在跨距下,使得自动导引车的行驶轨迹变大,行驶的距离变长,在跨距内装卸集装箱容易造成自动导引车排队在码头前沿区域发生堵塞。

堆场沿码头岸线垂直方向布置,在堆场靠近码头岸边一侧,全自动堆场起重机接运由自动导引车运来的集装箱,堆放在堆场的指定箱位,或把堆场上要装船的集装箱装到自动导引车上。荷兰鹿特丹港ECT码头的Delta Sealand码头面积为265hm^2,岸线长度为3600m,配置自动导引车数量为265台。该码头的堆场每箱区仅配置一台ARMG,既要完成岸边来的集装箱的装卸任务,又要完成堆场内倒箱装卸作业、陆侧的提取箱作业,效率受到影响。

而在堆场的另一侧,即靠近陆侧,堆场起重机全自动或通过中控室遥控完成装卸集装箱拖挂车作业。外来集装箱施挂车在每个箱区的陆侧,倒车进入箱区的陆侧装卸区,然后由 ARMG 完成收提箱作业。外来集装箱施挂车不仅堆场箱区内取箱,这种装卸工艺保证集装箱垂直进出箱区,简化堆场的装卸作业。

(2)双小车岸桥+AGV+ARMG 方案

ECT 码头的 Euromax 自动化集装箱码头采用这种装卸工艺,堆场垂直于码头岸线布置,如图 4-2 所示。这种工艺系统结合了单小车岸桥工艺系统的特点,码头前沿采用了双小车岸边集装箱起重机,提高了作业效率;后方堆场采用了 ARMG 系统。水平运输为锂电池驱动的自动导引车(AGV)。在自动导引车和 ARMG 之间设置有自动升降功能的自动导引车伴侣装备。

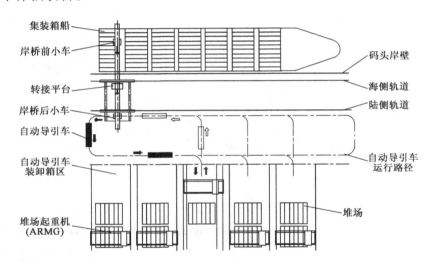

图 4-2 双小车岸桥与自动导引车、ARMG 装卸工艺

岸桥的双小车方案与单小车方案相比,将集装箱的作业分成两个环节,双小车岸桥的两个小车可以接力的形式完成集装箱装卸,部分操作可以同时进行,有效地降低了集装箱交接过程的对位时间,并可以在两个小车之间的中转平台上完成集装箱拆装锁作业,提高了装卸效率。并且装卸点位于后伸距内,相对于装卸点位于跨距内的情况,缩短了水平运输车辆的行驶距离,增大了水平运输车辆装卸区域范围,有利于提高运输效率,减少水平运输能耗,且避免了交通堵塞。

采用双小车方案的自动化集装箱码头,堆场垂直于码头前沿线布置,水平运输设备(如 AGV)将集装箱由码头前沿运输至码头近海侧,然后由 ARMG 进行集装箱在堆场内的水平运输及堆取箱作业(或者采用梭车辅助 ARMG 进行堆场内水平运输作业)。该方案中,水平运输设备(如 AGV)不进入堆场,只在码头前沿与堆场间的区域运输,运输距离较短,而集装箱在堆场内的水平运输由 ARMG 完成,ARMG 均沿轨道运行,不需要转向,运行设计速度均可高于流动运输设备的设计速度;并且 ARMG 可以在大车行走时同时实现小车的提升和行走,提高了作业效率,因此该方案的生产效率和专业化程度均较高。但若采用 ARMG 进行集装箱堆场内水平运输作业,需要 ARMG 频繁沿轨道运行,一方面对 ARMG 的行走速度有很高的要求,另一方面 ARMG 进行水平运输的单耗高于流动运输机械,会增加生产能耗。

多数自动导引车带自举升功能,在堆场海侧交接区设置固定的集装箱支架,可以由自动导引车自带的升降平台对集装箱支架取、放箱,解决了在海侧区域自动导引车等待 ARMG 的问题。自动导引车同时具有转弯半径小、转向灵活的特点,适用于自动化集装箱码头水平运输环境。

除了以上典型方案外,根据堆场起重机的跨距设置不同,还有双跨 ARMG 方案。该方案在德国汉堡港 Container Terminal of Altenwerder(CTA)进行了应用,但在后续的自动化码头建设中未得到推广。双跨 ARMG 采用穿越式 ARMG,即堆场内的每个箱垛布置一高一低两台 ARMG,轨距不同,可以相互穿越运行,每台 ARMG 都可以独立完成箱垛任何一部分的装卸作业,显著提高了装卸效率和灵活性。小跨距的 ARMG 穿越运行时,对大跨距的 ARMG 影响较大,因此该方案对安全性要求高。

(3)单小车岸桥+自动导引车+全自动轮胎式集装箱门式起重机(ARTG)方案

该方案采用单小车岸桥,但自动导引车与岸桥可以在岸桥跨距内、也可以在岸桥后伸距下完成集装箱的装卸。

岸桥将集装箱从集装箱船上取下后,运送到岸桥跨距内或后大梁下自动导引车的停放位置,将集装箱放到相应的自动导引车上面,然后自动导引车按照控制系统给定的指令直接将集装箱水平运输到指定堆场位置,自动导引车像集装箱码头的集卡一样,在作业时可以进入堆场内部,等待 ARTG 来卸载集装箱。集装箱被卸下后,自动导引车再进行下一个集装箱的水平运输。

日本 Tobishima 自动化集装箱码头采用这种装卸方案,如图 4-3 所示。该项目的箱区平行于码头岸线,装卸车作业通道位于 ARTG 跨下。进出场区的闸口分别设置,均为6条车道。接送箱集卡通过智能大门后按指令可直接进入到集装箱堆场内。由于自动导引车和外集卡均可在堆场内进行装卸作业,可以避免堆场起重机带重箱行走,同时减少了倒箱率。但由于自动导引车需进入堆场内作业,行驶距离长,自动导引车的能耗较高。

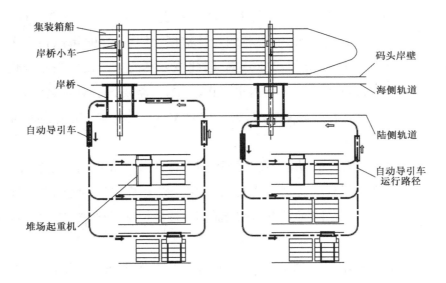

图 4-3 岸桥与自动导引车、ARTG 装卸方案

目前,应用此方案的自动化集装箱码头较少,我国赤湾集装箱码头、宁波大榭招商局集装箱码头将堆场起重机改成了远程操控模式。

(4)单小车岸桥+跨运车+ARMG 方案

跨运车在欧洲半自动化集装箱码头应用非常广泛,用于承担码头和堆场间的水平运输和堆场箱区作业两个环节。如美国的弗吉尼亚 APM 码头、韩国的釜山新港集装箱码头、英国的伦敦 Thamesport 码头、西班牙的韩进 TTI 码头等。通常为单小车岸桥负责船舶装卸,跨运车负责岸边水平运输,ARMG 负责堆场集疏运装卸。相对而言,该方案定位较为全面,在适用于半自动化集装箱码头的同时,也为将来的全自动化集装箱码头改造预留空间,被广泛采用。

目前随着自动化管控技术的不断发展和跨运车技术性能的不断提升,跨运车也开始应用于自动化集装箱码头,包括德国汉堡港 HHLA-CTB 码头、英国 London Gateway DP World 码头、西班牙巴塞罗那 BEST 码头、澳大利亚布里斯班港 Patrick 集装箱码头等。

自动跨运车与常规跨运车的区别在于不承担堆场箱区的装卸任务,仅负责码头和堆场间的水平运输,使得整机高度可以大幅降低;大车行走一般采用3排轮子,并且轴距小,降低了整机转弯半径;大车不配置司机室,运行路线完全由中控调度完成。

澳大利亚布里斯班港 Patrick 集装箱码头是澳大利亚首个自动化集装箱码头,码头岸线长 930m,水深 14m,设计年通过能力 120 万 TEU。该码头的特点是场内全部采用自动化的跨运车进行作业,共配置27台,每台跨运车可堆高2层。码头前沿设置4台岸桥,起升重量分别为40.0t、61.0t、75.0t(2台)。跨运车在岸桥的后伸距范围内作业。堆场共有5766个地面箱位。冷藏箱区单独布置在场区的两侧,集卡在封闭区内进行装卸车作业。自动跨运车不仅在Patrick集装箱码头应用,在2014年建成的Port Botany港口也采用相同的工艺方式。

(5)岸桥+无人集卡+ARMG方案

本方案在岸边集装箱起重机、堆场起重机的设置上和一般的自动化集装箱码头完全相同,只是在水平运输环节采用无人集卡作为搬运车辆。另外,堆场ARMG可以设置成悬臂形式,无人集卡可以进入堆场内进行运输,降低ARMG长距离运输的能耗。

无人集卡与普通集卡的外形和结构相同,只是在操控方面实现了无人控制,无人集卡一般采用"锂电池+电机"的驱动方式,在实现无人化的同时,实现了电气化,目前已经在一些码头得到应用,如天津港集装箱码头试用25台无人集卡,并且实现与普通集卡的混合运行,宁波大榭招商局集装箱码头试用16台无人集卡。

无人集卡与自动导引车相比,具有改造简单、成本低的优点,但是由于其车头和挂车采用铰接方式,具有转弯半径大、不能灵活倒车等缺点。

4.3 典型案例及效果

4.3.1 典型案例

1)厦门远海自动化集装箱码头

厦门远海自动化集装箱码头位于厦门海沧保税港区14号泊位及部分15号泊位,码头长约538m,纵深约308m,设计吞吐量为78万~91万TEU/年,其吞吐能力相比传统码头增加20%~40%。码头前沿对船作业采用双小车岸桥(3台),后方堆场作业采用ARMG(16台),中间水平运输为锂电池驱动的自动导引车(18台),整个作业流程实行智能化控制,现场作业无人参与。该项目建成国内首个无人智能环保型全智能集装箱码头,是全球智能化集装箱码头装卸系统升级换代,树立智能化集装箱码头新模式的示范工程。该码头具有以下四个特点:

(1)该码头取消了传统码头水平运输大量应用的内燃机驱动集装箱搬运装置,改用电驱动的集装箱搬运装置。自动导引车首次采用锂电池动力,实施"机会充电",满足了

200Ah级大载荷运输车辆采用电池驱动的要求。经测算,整个码头系统综合碳排量减少14%以上,相比传统码头节能25%以上。

(2)码头集装箱现场作业过程实现全自动化。中央控制室能够智能地完成集装箱堆放计划、船舶配载计划、调度计划,对各设备进行高效智能的调度和管理,从安全、效率和能耗等指标分析确立最佳作业路径,对堆场箱位实施智能动态管理,提高堆场场地的利用率,大幅提升码头的管理水平。

(3)该码头创新设计的自动导引车解决了设备的作业耦合和拥堵问题。自动导引车与双小车岸桥的主小车,以及自动导引车与ARMG之间不需相互等待,提高了作业效率和设备利用率。

(4)该码头打破了自动化集装箱码头堆场垂直布置的常规,首次应用了码头后方集装箱堆场与岸线平行布置方式,开创了现有码头因地制宜改造升级为自动化集装箱码头的新尝试。

2)青岛港自动化集装箱码头

青岛港自动化集装箱码头(一期)配备7台桥式起重机、38台轨道式起重机、38台自动导引车。该自动化集装箱码头依托青岛港集装箱作业和管理的先进经验,自主设计生产业务流程,规划码头总平面布局,建立指标体系和技术规格参数,低成本、短周期形成实施自动化集装箱码头系统总集成,构建起全自动化集装箱码头智能生产控制系统;码头装卸运输设备全部采用电力驱动,单位耗能最低,实现零排放和无灯光作业;研发了质量轻、循环补电、巡航里程无限制的集装箱自动导引车,并节省换电站建设费用过亿元,比同类设备质量减轻10余吨;研发了机器人自动拆装集装箱扭锁,实现生产全程自动化;采用轨道式起重机"一键锚定"系统,解决了大型机械防瞬间大风的全球性行业难题。2017年5月11日,青岛港自动化集装箱码头正式进行商业运行,据统计,单船作业箱量共计3858自然箱,桥式起重机单机效率达到26.1自然箱/h,船时效率达到161.2自然箱/h,创出全球自动化集装箱码头商业运行首船作业最高效率。2020年12月17日,该码头在107号泊位"德翔普南"轮作业中,桥式起重机单机效率达到47.6自然箱/h,全面超越4月份创造的44.6自然箱/h的成绩。青岛港自动化集装箱码头采用"双小车岸桥+自动导引车+ARMG"方案,堆场垂直于码头岸线布置。2019年11月28日,青岛港全自动化集装箱码头(二期)投产运营,包括9台岸桥、36台轨道式起重机、45台自动导引车等设备。2023年12月27日,青岛港全自动化集装箱码头(三期)投产运营,投产运营后,全自动化集装箱码头岸线总长将达2088m,可用岸线1652m,码头堆存能力将提升26%,综合服务效率将提升6%。

3）上海洋山深水港四期自动化集装箱码头

2017年12月全球最大的单体全自动化集装箱码头——上海洋山深水港四期自动化集装箱码头正式开港试运行。该自动化集装箱码头共建设7个集装箱泊位、集装箱码头岸线总长2350m，设计年通过能力初期为400万TEU，远期为630万TEU。该自动化码头使用的桥式起重机、轨道式起重机、自动导引车均采用电力驱动。码头装卸生产设计可比能源综合单耗①仅为1.58t标准煤/万吨吞吐量。轨道式起重机采用无悬臂、单悬臂和双悬臂等多种形式，堆场垂直于码头岸线布置，配备26台自动化桥式起重机、119台自动化轨道式起重机和119台自动导引车。

4）广州南沙港四期自动化集装箱码头

2021年6月，粤港澳大湾区首个全自动化集装箱码头——南沙港四期工程实船联合调试成功。该自动化集装箱码头工程包括2个100000吨级和2个50000吨级集装箱泊位（水工结构按靠泊100000吨级集装箱船设计），12个2000吨级集装箱驳船泊位，4个工作船泊位，码头岸线总长2644m。南沙港四期工程创新融入新一代物联网感知、大数据分析、云计算、人工智能、5G通信等先进技术，成功打造全球"北斗导航无人驾驶智能导引车+堆场水平布置侧面装卸+单小车自动化岸桥+低速自动化轨道式起重机+港区全自动化"的新一代智慧码头，为自动化集装箱码头建设提供"广州方案"配备49台单悬臂自动化轨道式起重机、3台双臂自动化轨道式起重机和158台自动导引车。该码头的亮点是，与其他使用磁钉进行水平运输车辆导航不同，该码头无人驾驶导引车（IGV）利用北斗、激光和视觉导航定位技术进行无人化行驶。该码头的另一个特点是，与大部分自动化集装箱码头堆场的垂直布置方式不同，该码头堆场为水平布置，可为堆场水平布置的传统集装箱码头自动化升级改造提供技术借鉴。

5）天津港北疆港区C段自动化集装箱码头

天津港北疆港区C段自动能化集装箱码头打造"智慧零碳"码头。新建集装箱码头岸线长1100m，3个200000吨级集装箱泊位，可同时停靠两艘200000吨级集装箱船舶，或同时停靠一艘70000吨级和两艘100000吨级集装箱船舶，设计集装箱年通过能力250万TEU。集成应用无人自动化轨道桥、自动导引车、远程控制无人自动驾驶岸桥，投产后将有76辆自动导引车进行水平运输。该码头采用"堆场水平布置边装卸+地面集中解锁"工艺，实现岸桥无停顿连贯作业，无需因拆装转锁而发生等待，从而大幅提高作业效率。码头全场设备全部使用清洁能源，智慧楼宇、七彩廊道全部采取光伏发电，零排放、零污染，

---

① 装卸生产设计可比能源综合单耗是衡量港口装卸作业能源利用效率的一个指标，它反映了在单位吞吐量下，港口装卸作业所消耗的能源量。这个指标对于评估港口的能源利用效率、促进节能减排具有重要意义。

打造"智慧零碳"码头。2021年10月,天津港北疆港区C段自动化集装箱码头正式投产运营。

6)广西钦州港自动化集装箱码头

广西钦州港自动化集装箱码头主体改造、新建集装箱自动化堆场8个,IGV及外集卡车道各4条,改建道路堆场面积约35万㎡,新增集装箱堆场容量3.9万TEU,每年将增加通过能力102万TEU。该码头应用全球首创U形工艺布局,具备高效、经济、节能的典型特点,同时配备全球领先的自动化集装箱码头装备及控制系统,实现生产组织自动化运维。后方堆场毗邻铁路中心站,实现海铁联运无缝衔接,是海铁联运自动化集装箱码头。

该码头包括5台自动化双小车岸桥、16台自动化双悬臂轨道式起重机、30台无人驾驶自动导引车及自动化集装箱码头智能控制系统。2021年8月31日,钦州港大榄坪港区大榄坪南作业区7号、8号泊位集装箱自动化改造工程中码头改造及堆场改造两大单位工程通过交工验收。

4.3.2 应用效果

全电力自动化集装箱码头在实现全部设备电气化和无烟化的同时,提高了作业效率。青岛港全电力自动化集装箱码头较传统码头作业效率提高30%,人工成本降低70%,青岛港自动化集装箱码头已连续7次创造自动化集装箱码头装卸效率世界纪录,比国外同类自动化集装箱码头高50%,提高效率的同时降低了能耗和碳排放。

随着全电力自动化集装箱码头生产工艺的日趋成熟,全自动化集装箱码头生产效率将逐渐赶上甚至超越常规驾驶员操作效率,从而提高生产效率,降低生产能耗;另一方面,全电力自动化集装箱码头水平运输作业全部采用电动设备取代燃油集卡(牵引车),也将大幅减少燃油消耗及大气污染物排放,实现集装箱码头"零排放",对码头清洁生产有着重要的意义。

5 港口流动机械电动化

5.1 发展背景及历程

5.1.1 发展背景

目前,港口机械的能源主要有三种,电力、柴油和天然气。沿着固定轨道或跑道在固定区域内运行的港口机械均采用电力供电形式,如集装箱码头的岸边集装箱起重机、轨道式集装箱门式起重机、电动轮胎式集装箱门式起重机等。不沿固定轨道或跑道在固定区域内运行的可在码头道路和作业区域内流动作业的港口机械称为港口流动机械,港口流动机械由于其流动性大,可以实现满场飞,因此主要是以柴油、天然气为燃料的内燃机来驱动,港口流动机械主要有集装箱码头的集卡(牵引车)、空箱堆高机、集装箱正面吊(又称"正面起重机")、叉车等,干散货码头的挖掘机、装载机、自卸车、推耙机等,件杂货码头的港口牵引车、轮胎起重机等。

随着国家对环境保护的要求越来越高,使用柴油作为燃料的港口流动机械成为港口的主要大气污染物排放、碳排放的来源,柴油机驱动的港口流动机械对港口区域的空气质量影响较大。因此,为了降低港口流动机械的大气污染物排放、二氧化碳排放,港口逐步开展流动机械电气化行动,即由电力代替柴油燃料,实现电能替代。目前港口流动机械电气化是主流的发展方向,另外还有氢能、甲醇等清洁能源港口流动机械应用。

5.1.2 政策法规

(1)港口流动机械排放控制要求

国家出台的有关法律法规、规章制度,包括《中华人民共和国大气污染防治法》《打赢蓝天保卫战三年行动计划》《打好柴油货车污染防治攻坚战作战方案》等都对非道路移动源的管理做出了相应规定,即鼓励、支持节能环保型机动船舶和非道路移动机械的推广使用,逐步淘汰高油耗、高排放的机动船舶和非道路移动机械。传统港口流动机械排放要求的提高,显著促进了港口流动机械电气化进程。

生态环境部制定了新生产非道路移动机械用柴油机、小型点燃式发动机、船舶发动机污染物排放标准和非道路移动柴油机械烟度排放标准,具体要求如下:2022年12月1日起,全国实施非道路移动机械第四阶段排放标准;严格实施船舶发动机第一阶段国家排放标准,提前实施第二阶段排放标准。加快新能源非道路移动机械的推广使用,在重点区域城市划定的禁止使用高排放非道路移动机械区域内,鼓励优先使用新能源或清洁能源非道路移动机械。

《柴油货车污染治理攻坚战行动计划》(环大气〔2018〕179号)中提出各地要进行非道路移动机械的摸底调查和编码登记工作。2019年7月,生态环境部发布了《关于加快推进非道路移动机械摸底调查和编码登记工作的通知》(环办大气函〔2019〕655号),并开发了国家非道路移动机械监管平台和微信小程序。全国各省(自治区、直辖市)政府已经开展了对非道路移动机械进行备案登记和环保编码管理工作,划定了禁止使用高排放非道路移动机械区域。

(2)电能替代政策要求

2014年8月19日,交通运输部发布了《公路水路交通运输主要技术政策》(交科技发〔2014〕165号),提出加强港口大气污染综合防治,提高港口空气质量。鼓励港区车辆、船舶使用液化天然气(LNG)等清洁燃料、电力驱动和油电混合动力技术。

"十三五"期,国家发展改革委、交通运输部均制定了相关政策推动电能替代。2016年,《关于推进电能替代的指导意见》(发改能源〔2016〕1054号)发布,提出实施电能替代对于推动能源消费革命、落实国家能源战略、促进能源清洁化发展意义重大,是提高电煤比重、控制煤炭消费总量、减少大气污染的重要举措;同时还提出沿海、沿江、沿河港口码头推广靠港船舶使用岸电和电驱动货物装卸。

2019年,《交通强国建设纲要》《关于建设世界一流港口的指导意见》(交水发〔2019〕141号)先后发布,也对电力等清洁能源应用提出了明确的要求。《交通强国建设纲要》提出,优化交通能源结构,推进新能源、清洁能源应用。《关于建设世界一流港口的指导意见》(交水发〔2019〕141号)提出,构建清洁低碳的港口用能体系,鼓励新增和更换港口作业机械、港内车辆和拖轮等优先使用新能源和清洁能源,加快提升港口作业机械和车辆清洁化比例。

2021年11月,交通运输部发布《绿色交通"十四五"发展规划》(交规划发〔2021〕104号),提出上海港、大连港、天津港、青岛港、连云港港、宁波舟山港、厦门港、深圳港、广州港、北部湾港、洋浦港等国际集装箱枢纽港新能源清洁能源集卡占比60%。推进新增和更新港口机械、港内车辆和拖轮等优先采用新能源和清洁能源。

5.1.3 标准规范

目前,国家、行业还未出台电动港口流动机械相关标准,相关标准规范主要是港口流动机械的产品标准,里面对电动化的要求较少,目前《港口牵引车》(JT/T 880—2013)等产品标准正在修订,里面增加了电动化的相关要求。其他主要参照标准是电动汽车的相关标准。

(1)《车用超级电容器》(QC/T 741—2014);
(2)《电动汽车DC/DC变换器》(GB/T 24347—2021);
(3)《电动汽车仪表》(GB/T 19836—2019);
(4)《电动汽车用驱动电机系统》(GB/T 18488—2015);
(5)《电动汽车安全要求》(GB 18384—2020);
(6)《电动汽车传导充电用连接装置》(GB/T 20234—2023);
(7)《电动汽车用锂离子蓄电池》(QC/T 743—2006);
(8)《电动车辆的电磁场发射强度的限值和测量方法》(GB/T 18387—2017);
(9)《电动汽车 动力性能 试验方法》(GB/T 18385—2005)。

5.1.4 经济激励

2011年6月20日,财政部和交通运输部联合发布《交通运输节能减排专项资金管理暂行办法》(财建〔2011〕374号),交通运输部利用交通运输节能减排专项资金用"以奖代补"的方式激励港航企业实施节能减排项目,开展节能减排工作。将有关新能源清洁能源设备应用的项目,作为节能减排项目给予补贴。

近些年,国家对道路车辆的电动化等新能源、清洁能源应用给予补贴,补贴逐步退坡,金额逐步减少。

2019年7月4日广州市港务局联合广州市生态环境局、广州海事局发布《广州港口船舶排放控制补贴资金管理办法的通知》(穗港规发〔2019〕2号)中对港口清洁能源设备给予补贴,港口企业加入并履行广州港航绿色公约,港区内替代更新的拖车、叉车、正面吊采用液化天然气(LNG)、电能以及其他清洁能源。补贴标准为:对于港区内替代更新的拖车、叉车、正面吊采用液化天然气(LNG)、电能以及其他清洁能源的,按照其购置或改造费用的30%予以补贴;每台设备最高补贴额度不得超过15万。

5.2 技术原理及方案

5.2.1 技术原理

传统港口流动机械的动力及传动系统包括柴油机(或天然气发动机)、变速箱、传动轴、驱动桥、车轮等,港口流动机械的电动化就是替换柴油机(或天然气发动机)驱动系统。

电动港口流动机械的动力及传动系统包括动力电池、驱动系统,由动力电池和驱动系统代替了传统港口流动机械的柴油机(或天然气发动机)。动力电池组包括电池及电池管理系统,为港口流动机械提供动力,电池目前应用主要集中在锂电池,锂电池具有能量高、寿命长的优点;电池组管理系统(BMS)主要功能包括数据采集、数据显示、状态估计、热管理、数据通信、安全管理、能量管理和故障诊断等基本功能。驱动系统包括驱动电机和电机调速控制器等,可以分为主驱动系统、转向驱动系统和气泵驱动系统。驱动电机一般选用永磁电机。

以电动空箱堆高机为例,锂电池+电机驱动系统原理如图5-1所示。所有执行结构(包括行驶、举升、转向、吊具、刹车等)的动力均来自锂电池组驱动的电机。

5.2.2 实施方案

港口流动机械电动化的应用条件如下:

(1)港口具体能够充电的场所,充电桩或换电站等。

(2)港口重视绿色低碳发展,承担社会责任,在更新和新购设备时,优先考虑环保性好的电动港口流动机械方案。

(3)港口应从整个周期考虑经济性,电动港口流动机械的购置成本虽然高,但使用成本低,所以从整个周期考虑使用电动港口流动机械是经济的。

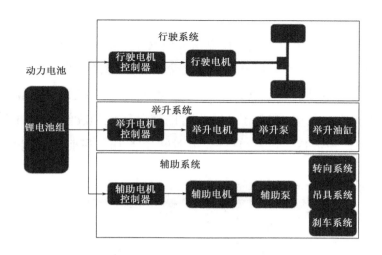

图 5-1 电动空箱堆高机电力驱动示意图

港口流动机械电动化的实施方案主要有以下两种途径。

(1) 现有港口流动机械的电动化改造

现有流动机械的柴油机达到使用寿命或是排放较高,可以考虑更换柴油机及驱动系统,用锂电池、驱动电机等来代替。这样可以充分利用原有设备的结构架、各个执行机构等部件,节约成本。如青岛港在空箱堆高机的发动机达到使用寿命后,在其他主要结构部件仍可使用的条件下,将发动机驱动系统更换为"锂电池+电动机"驱动系统。

(2) 购置新的电动化港口流动机械

企业在淘汰旧的柴油机驱动的港口流动机械后,可以直接购置电动港口流动机械,以满足日益严格的港口环境保护要求。目前港口使用的电动集卡、电动空箱堆高机、电动叉车、电动自卸车、电动装载机等产品日益成熟,可供港口选用。

5.3 典型案例及效果

5.3.1 典型案例

(1) 电动集卡

电动集卡、电动集装箱牵引车、集装箱拖挂车为不同港口的不同说法,本节统一称为电动集卡,但考虑介绍各港口的应用情况,在部分叙述中仍沿用原港口公开资料口径的称呼。

2018年4月,天津港集团有限公司、中国重型汽车集团有限公司和天津主线科技有限公司三方携手打造的全球首台无人驾驶电动集卡在天津港开启试运营,如图5-2所示。该电动集装箱卡车由电池模块驱动,车上安装了北斗定位系统和激光雷达、毫米波雷达、摄像头等设备进行智能行驶,配备了全球先进的驾驶系统和成熟可靠的纯电中央驱动控制系统,整车满载行驶可达120km,并且充电时间小于1h。目前天津港有40多台无人驾驶集卡在运营。

图5-2 天津港无人驾驶电动集卡

2018年开始,广州港南沙三期集装箱码头购置两台三一重工股份有限公司(简称"三一重工")生产的电动集卡,如图5-3所示,该集卡电池容量大,可满足20h的连续作业。使用情况较好,截至2024年5月,约104台电动集卡服役于广州港南沙三期集装箱码头。广州港南沙一期、二期集装箱码头的电动集卡占比也达到50%以上。

图5-3 广州港南沙三期电动集卡

2019年11月，上海汽车集团股份有限公司、上海国际港务(集团)股份有限公司和中国移动通信集团有限公司联合宣布，全球首次"5G+L4级智能驾驶重型卡车"示范运营在上海洋山深水港正式启动。计划在2020年实现智能驾驶重型卡车小批量示范运行，未来3~5年内实现大批量商业化运行。在上汽5G智能重型卡车来回72km的物流环线上，从深水港物流园经东海大桥到洋山码头，涵盖了普通道路、高速公路、码头、堆场和夜间大交通流量等复杂场景。智能重型卡车的主要贡献包括车队能耗降低10%，提高高速公路通行效率等。上汽5G智能重型卡车搭载的清洁能源动力系统，能使其污染排放相比传统柴油动力重型卡车减少60%。

2019年12月，厦门海润集装箱码头有限公司首批5辆纯电动集装箱牵引车投用后，2020年11月厦门港区海天码头、海润码头再次投放35辆该类型车辆进入生产作业，如图5-4所示，这是该集团推进新一代绿色生态港口建设的重要举措。该批次车辆由公司批量采购，2021年有40辆该类型车辆到港投用。按照规划，厦门港区后续集装箱牵引车纯电动化比例将稳步提高，"十四五"期间实现全部港内牵引车高度电动化。纯电动牵引车试生产的统计数据显示，牵引车"油改电"节能率达80%以上，每辆纯电动牵引车每年可节约能源17t标准煤，减少排放47.4t二氧化碳，全港近300辆港内集装箱牵引车每年可节约能源5300t标准煤，减少13000t二氧化碳排放。同时，每辆纯电动牵引车可省人工及维护费用20%，为未来全面实施无人驾驶方案创造有利条件。

图5-4　厦门港应用的电动集装箱牵引车

2020年8月，由AutoBrain打造的无人驾驶电动集装箱卡车，在深圳妈湾港顺利投入运营。示范运营由深圳妈湾港、三一海洋重工有限公司(简称"三一海工")和AutoBrain共同实施。AutoBrain在三一海工提供的新能源电动集卡上，通过加装激光雷达、相机、智能控制器等硬件及软件系统。妈湾港同时试用了不同厂家的电动集卡产品,开展运营比较,分别如图5-5和图5-6所示。

图5-5　妈湾港无人驾驶电动集卡(车型一)

图5-6　妈湾港无人驾驶电动集卡(车型二)

2020年8月15日,妈湾港无人电动集卡在实际作业过程中采取了无人电动集卡与传统有人驾驶集卡混行的模式,平均单箱用时仅7分29秒,超过人工集卡的8分08秒,达到业界一流水平。本次作业共投入3台岸桥、6台场桥、4台无人集卡和14台传统集卡进行生产作业。岸桥单台峰值作业效率超40自然箱/h。2022年赤湾集装箱码头一次性购入66台电动集卡,同步建设换电站一座。

2020年11月,宁波舟山港购置的13辆无人电动集装箱卡车到货,均为L4级无人驾驶电动重型卡车,可以24h连续工作,如图5-7所示。宁波大榭招商局集装箱码头也有十余辆电动集卡在运行,并且开始尝试无人电动集卡使用。截至2024年5月,宁波舟山港累计投用电动集卡450辆。

图 5-7　宁波舟山港无人驾驶电动集装箱卡车

2018年3月,唐山港集装箱码头试运行首辆比亚迪电动集装箱卡车,标志着唐山港在大型新能源车辆港口应用探索中迈出重要一步。同年7月,4辆陕西汽车控股集团有限公司(简称"陕汽集团")电动集装箱卡车陆续运到唐山港。2019年3月,在唐山港集装箱码头的22号泊位,振华重工智慧集团完成了5台全电动无人驾驶车队的阶段性研发测试工作。此次测试初步建立并打通了自动化无人驾驶集装箱卡车和码头起重设备的整套作业系统,各项系统数据互通,实现无人驾驶集装箱卡车和自动化轨道式起重机的作业信息自动交互,全程无人参与。同时,完成了无人驾驶集装箱卡车在实际作业环境下的各项功能测试。

电动集卡的能源补给主要有两种方式:充电和换电,目前新建码头以换电方式为主,建设换电站主要有广西北部湾港、日照港集装箱码头、洋浦国际集装箱码头、招商港口赤湾集装箱码头、连云港港庙岭、重庆果园港、武汉阳逻港、宁波舟山甬舟港、烟台港矿石码头等。

(2)电动空箱堆高机

2019年三一海工设计开发的全电动集装箱堆高机在厦门港海天码头完成组装,投入集装箱空箱作业的试用测试,如图5-8所示。该型全电动集装箱堆高机采用动能回收、势能回收和全电驱动等节能措施,大幅度延长了续航时间,充电1h可连续作业12h,满足港口码头高强度作业需求。全电动集装箱堆高机采用电驱动等先进技术后,整机运营、使用维护成本远低于传统内燃机动力的堆高机,使用一年即可收回成本,后续可为客户创造可观的经济效益。根据厦门海天码头测算,目前试运行电动堆高机作业耗电量为23.3kW·h/h,单箱耗电量为0.85kW·h,而柴油动力堆高机油耗约14L/h,单箱油耗约0.43L/h,对比单箱可每小时节约成本1.93元。动力系统由电机和锂电池组成,基本免维护,无发动机、变速箱也使得维护工作量大幅度下降。液压系统由阀控改为泵控,减少液压控制阀组，液压维护相对简单。电池5年质保，质保期内免费更换。综合统计单箱作业成本可下降大约60%。

图5-8 厦门海天码头电动空箱堆高机

2020年5月，青岛港前湾港集装箱码头完成了3台电动空箱堆高机的动力系统改造，如图5-9所示。在保留原机的各项控制功能的基础上，堆高机通过动力系统改造，以"锂电池组"作为设备的动力来源，将电动机的功率分配给传动系统和液压系统。此方案设备改动较小，保留原有设备的"电气控制系统"，资金投入少，性价比高。目前，青岛港已经开始规模化应用电动空箱堆高机。

图5-9 青岛港前湾港电动空箱堆高机

(3)电动叉车

近年来,随着国家对环保的重视以及绿色仓储与配送事业的发展,开发和研制电动叉车、环保型叉车已经成为中国叉车行业发展趋势。2017年,中国电动叉车销售量增幅曾高达43.9%,2018年的增幅也达到38%。根据中国工程机械工业协会工业车辆分会公布的统计数据显示,2019年中国叉车市场总销售量为608341台,其中电动叉车为298637台,占比几乎达到50%。在中国工业叉车近两年的销售情况中,电动步行式仓储车辆的增长率最高,接近10%,而内燃平衡重式叉车呈负增长趋势。

港口应用的电动叉车主要以3t电动叉车为主,如青岛港3t以下叉车基本实现全部电动化。

(4)电动正面起重机

长期以来正面起重机的动力源一直是柴油机,但是近年来随着节能环保理念的深入人心,采用混合动力或纯电动驱动已成为新的发展趋势。增程式电动正面起重机可以闲时纯电驱动,忙时增程式驱动,1h即可充满电,作业可自由切换,根据作业数据,纯电作业能耗成本较燃油成本下降68%,增程器作业能耗成本下降40%。

徐州工程机械集团有限公司(简称"徐工集团")、三一重工等公司分别开展了电动正面起重机的研发和制造工作,均有产品在使用。

2018年,徐工集团率先研发出纯电动正面起重机。纯电动起重机在徐州港务集团孟家沟港投入使用,每天装卸200个集装箱,500t货物,从2018年11月运行近2000h,设备状态良好。该公司生产的正面起重机采用235kW·h大容量免维护动力电池,且拥有智能化的能源管理系统,再辅以回收率可达30%能量的回收技术,仅需充电2h,可实现8h连续重载作业。200kW大扭矩驱动电机匹配AMT变速箱(自动变速箱),可输出350kN牵引力,使车辆在瞬间即可达到25km/h的速度。目前,该公司电动正面起重机又进行了技术升级。

徐工集团生产的XCS4531E型电动正面起重机(图5-10),是继XCS45型电动正面起重机之后推出的新一代产品。该设备具备能量回收系统,可利用发电机将集装箱、吊具的重力势能以及刹车时的动能转化为电能,对电池充电,实现能量回收,整体节能20%。配备的负载敏感液压系统可根据负载需求,自动调节油泵输出流量,避免溢流损失高效、节能。423kW·h大容量电池组,充电2h可工作8~10h,基本满足港口单班工作时长。

图 5-10　徐工集团 XCS4531E 型电动正面起重机

三一重工 SRSC45E 电动正面起重机,如图 5-11 所示,具备增程器,在无法充电的情况下,增程器开启可以确保电动正面起重机满足全天 20h 作业。具备势能回收技术,下降过程可以回馈电能提高续航。液压系统由电机直接驱动,效率高。电机驱动电控泵系统,动作流量可以精准分配,动作控制更加精准。臂架伸缩、臂架俯仰、吊具动作及行驶由不同电机驱动。行驶由双电机直驱,行驶加速响应快,无级调速,无换挡冲击,易于操作。产品保留双枪充电口,可实现大功率快速充电。

图 5-11　三一重工 SRSC45E 型电动正面起重机

目前,电动正面起重机在日照港、徐州港、江苏省港口集团有限公司等码头得到应用。

(5)电动自卸车

电动自卸车较燃油自卸车,具有无污染、使用成本低、动力足和噪声小等优点;同时具有采购成本高,连续作业能力、作业性能(爬坡能力)等较柴油机械较差的缺点。但随着电动自卸车技术迅速发展,先后有比亚迪、陕汽集团、开沃新能源汽车集团有限公司等多家企业电动自卸车投入市场,电动自卸车的应用前景更为乐观。

目前,黄骅港外租30台电动自卸车进行港口运输装卸,其他港口使用电动自卸车开展散货水平运输作业的应用较少。根据黄骅港电动自卸车应用情况,按照日均运营400km以上折算,2年节约燃料费用可以抵消采购成本差价;并且,电动自卸车每次的行驶距离平均为70km,电池从17%到充满电只需半个多小时,基本不会影响到车辆的运营。目前,纯电动自卸车在续航里程、爬坡能力等方面都有了较大程度的改善,基本具备在港口行业试点应用的条件。2024年6月,京唐港购置了一批电动自卸车。

(6)电动装载机

相比于电动叉车,由于作业环境等原因,电动装载机发展速度较慢、应用较少,但近两年,国内电动装载机,如博雷顿科技股份有限公司、山东临工工程机械有限公司、广西柳工集团有限公司(简称"柳工集团")等厂家,相继推出电动装载机产品。电动装载机额定载重均为5t左右,充电时间为1h,连续工作时间为8h左右。电动装载机具有噪声小、无污染、效率高、灵活性强和能源成本低等优点,但同时具备操作惯性大、控制不方便的缺点。

2022年3月,秦皇岛港首次实现装载机远程操控。2022年5月,秦皇岛港电动装载机投入使用,采用磷酸铁锂电池作为动力,电池和电机终身免维护,能耗约为传统柴油装载机的1/3,大幅降低了定期维护保养费用、维修成本和能源使用成本,且无尾气排放,达到了绿色环保标准。截至2024年5月,秦皇岛港累计投入6台电动装载机。2021年10月,镇江港基于现有柳工集团856H-EMAX装载机,启动5G智能遥控电动装载机(图5-12)在港口清舱工艺中的研发与应用,2022年6月在镇江港投入运行,应用效果显著。

图5-12 镇江港5G智能遥控电动装载机静态展示

5.3.2 应用效果

港口流动机械电动化可以实现节能降碳,并且在港口属地实现"零排放",因此具有较好的环境效益和社会效益,据某港口测算,每台电动集装箱牵引车平均每年可以减少35t二氧化碳排放。据日照港测算,换电集卡的单位里程能耗和单箱能耗分别为 2.0kW·h/km 和 1.8kW·h/TEU,能耗成本较燃油车降低超70%;按100辆换电集卡计算,预计每年减排二氧化碳1.97万t,节约柴油700万L,具有较好的经济和环境效益。

随着电池技术的不断成熟,大多使用化石能源的港口流动机械已经具备了采用动力电池驱动的技术可行性。但电动港口流动机械推广依然受到初始投资高、相关政策补贴少的制约。从投入成本看,电动港口流动机械成本较高,但是从长期来看,随着锂电池技术的发展,电动港口流动机械的购置成本逐步降低,加上较低的使用成本,投资回报较好,电动港口流动机械在全生命周期成本方面具有优势。

6 电动港作拖轮

港作拖轮是主要用于在港口水域协助大型船舶进出港和靠离码头作业的特种船舶,具有动力大、操作灵活的特点,目前国内外使用的港内作业拖船主要使用大功率柴油燃机来提供动力。与常规的柴油机动力拖轮产生的含油污染物多、有害废气排放量大、噪声高相比,纯电动力拖轮具有污染物少、零排放、噪声低、舒适性好和运营成本低等优点,可满足国家对沿海港口船舶污染物排放要求。

随着国家排放控制区、IMO(国际海事组织)相关法规对船舶排放要求的逐步落实,港口岸电政策的不断落地及国家、行业"双碳"工作的步步推进,船舶电动化无疑是我国航运业未来很长一段时间技术发展的重点方向。锂电池在船舶上的应用是现阶段船舶电动化的重要发展趋势,但现阶段国内锂电池仅少量应用于混合动力型船舶、客船或部分小型货船,超过5000吨级的中大型船舶完全锂电化难度较大,这给拖轮电动化发展带来了契机,拖轮电动化不仅对大型船舶电动化发展具有借鉴意义,而且可有效发挥港口岸电设施功效。因此,电动港作拖轮技术是未来港作拖轮的重点发展方向。

6.1 发展背景及历程

6.1.1 发展背景

船舶是港口城市的重要污染源,对港口城市及周边环境质量具有较大影响。据香港环境保护署2022年排放清单数据显示,水上运输排放的二氧化硫、氮氧化物、PM10和PM2.5占总排放量的比例分别为31%、32%、22%和26%。《中国移动源环境管理年报2023》数据显示,2022年我国船舶HC(碳氢化合物)、NO_x和PM分占到非道路移动源排放的24.2%、32.5%和26.3%。船舶的污染防治和节能减排工作迫在眉睫。

《国际防止船舶造成污染公约》(又称MARPOL公约)附则Ⅵ,对船舶二氧化硫排放实行了越来越严格的控制,从2020年1月1日开始要求在硫排放控制区(ECA)以外航行的所有船舶使用硫含量不高于0.5%的燃油。2016年1月1日或之后建造的船舶,安装的船用柴油机在氮氧化物排放控制区内运行时必须满足Tier Ⅲ排放标准要求。其要求与Tier Ⅱ排放标准相比,发动机的氮氧化物排放量须减少近76%。当前符合Tier Ⅲ排放标准限值的技术包括选择性催化还原(SCR)系统、废气再循环装置(EGR)和替代燃料等。

2018年7月3日,国务院发布《打赢蓝天保卫战三年行动计划》将船舶和港口作为重要减排对象。2019年10月,国家发展改革委发布《产业结构调整指导目录(2019年本)》,将电动船舶新增为国家鼓励类产业。交通运输部先后发布了《长江经济带船舶污染防治专项行动方案(2018—2020年)》《内河码头船舶岸电设施建设技术指南》《船舶大气污染物排放控制区实施方案》《关于进一步共同推进船舶靠港使用岸电工作的通知》《关于建立健全长江经济带船舶和港口污染防治长效机制的意见》《港口和船舶岸电管理办法》等多部文件,对船用燃油硫含量、发动机的污染物排放提出了严格要求,指出船舶可使用清洁能源、新能源、船载蓄电装置或尾气后处理等替代措施满足船舶排放控制要求。2021年11月5日,工业和信息化部等四部门联合发布《关于加强产融合作推动工业绿色发展的指导意见》(工信部〔2021〕159号),提出支持绿色船舶、新能源动力等关键技术突破及产业化发展,加快内河与沿海老旧船舶电动化、绿色化更新改造,鼓励金融机构开发针对老旧船舶电动化改造等方面的金融产品,建立商业可持续的产融合作以推动工业绿色发展路径,推动建设工业绿色低碳转型与工业赋能绿色发展相互促进、深度融合。

在国内外污染防治相关政策法规要求、国内鼓励政策推进及当前"双碳"工作的不断推动下,船舶电动化已成为未来船舶节能减排发展的必然趋势。国内也先后兴起了船舶电动化的建设改造浪潮,如国内首艘大型纯电动商旅客船"君旅"号、国内首艘电动高端内河游船"闽江之星"、国内首艘海上危险品应急指挥船"深海01"轮、国内首艘油电混合动力海上双体邮轮"大湾区一号"、全球电量最大的纯电动邮轮"长江三峡1号"、2000吨级新能源纯电动散货船"河豚"号等。国内电动船舶技术的不断成熟为港作拖轮电动化提供了基础条件。

港作拖轮相较于已实现电动化的船舶类型,在船舶岸电使用效果不佳、大吨位长距离运输船舶电动化难以实现的背景下,因其有作业频繁、短途运输总电量需求不大、岸电连接便捷利用高效和适用范围广等优点,更具有节能降污减碳效果,对于港口高质量发展和航运业节能减排具有重要意义。

6.1.2 政策法规

(1) 国家层面

2013年5月,交通运输部印发了《加快推进绿色循环低碳交通运输发展指导意见》(交政法发〔2013〕323号),提出推广应用混合动力交通运输装备,推进合同能源管理在用能装备和系统中的应用,采用租赁代购模式推进电池动力在交通运输装备上的应用,该意见为电池在船舶的应用提供了依据。

2015年12月,工业和信息化部发布《船舶配套产业能力提升行动计划(2016—2020)》,提出我国2020年和2025年在船用设备研发、设计制造和服务体系建设和关键零部件配套能力提升方面的目标,为我国电动船舶的研发、制造奠定了重要的前期基础。

2017年1月,工业和信息化部等六部门发布《船舶工业深化结构调整加快转型升级行动计划(2016—2020年)》,对我国在世界造船行业的科技创新能力提出了能耗经济性、环保性、安全性和智能化等方面的要求,并对研发经费投入提出了要求。

2018年7月,国务院发布《打赢蓝天保卫战三年行动计划》,明确提出了电动船舶的推广要求,指出"2018年7月1日起,全面实施新生产船舶发动机第一阶段排放标准。推广使用电、天然气等新能源或清洁能源船舶"。

2018年7月,交通运输部发布《船舶大气污染物排放控制区实施方案》(交海发〔2018〕168号)进一步扩大了排放控制区范围,逐步提高排放标准,指出"船舶可使用清洁能源、新能源、船载蓄电装置或尾气后处理等替代措施以满足船舶排放控制要求",从而加快了新能源船舶的推进力度。

2018年12月,工业和信息化部联合国防科工局、交通运输部,先后发布了《推进船舶总装建造智能化转型行动计划(2019—2021年)》(工信部联装〔2018〕287号)和《智能船舶发展行动计划(2019—2021年)》(工信部联装〔2018〕288号),结合新时代我国船舶工业转型升级的发展需要,充分考虑当前智能制造发展趋势,促进我国船舶行业电动化、智能化转型发展。

2019年10月,国家发展改革委发布《产业结构调整指导目录(2019年本)》,新增"纯电动和天然气船舶;替代燃料、混合动力、纯电动和燃料电池等机动车船技术;混合动力、插电式混合动力专用发动机,优化动力总成系统匹配",为国家鼓励类产业,自2020年1月1日起实施。

2022年9月,工业和信息化部、发展改革委、财政部、生态环境部、交通运输部联合发布《关于加快内河船舶绿色智能发展的实施意见》(工信部联重装〔2022〕131号),提出加快发展电池动力船舶,重点推动纯电池动力技术在中短途内河货船、滨江游船及库湖区船舶等应用,并提出推动甲醇、氢等动力技术应用。

(2)地方层面

随着国家电动船舶相关政策的出台,上海、广州、深圳等地方政府也出台了相关政策文件,在推广电池动力船舶技术方面发挥了积极作用。

2015年7月,上海市交通委员会制定的《上海绿色港口三年行动计划(2015—2017年)》提出,"推进内河船舶新能源应用和排放等级提高。开展黄浦江、苏州河内河船舶电力推进等新能源应用试点工作,选取2艘备用公务艇开展纯电动力试点改(建)造,在试点成功的基础上,重点推进纯电动力在黄浦江、苏州河旅游船舶等领域的应用"。

2018年4月,深圳市制定的《2018年"深圳蓝"可持续行动计划》(深府办规〔2018〕6号)提出,要在包括绿色港航在内的"十大工程"中,推广使用电动港作船舶,并明确要在年底完成1艘电动执法船设计方案和新船的订购工作。

2018年8月,广州市制定的《广州港口船舶排放控制作战方案(2018—2020年)》(穗港局〔2018〕234号)明确提出,在清洁能源应用方面实现约5艘纯电动船舶或混合动力客船投入运营。

2024年3月,江苏省发布《加快打造更具特色的"水运江苏"三年行动计划(2024—2026年)》(苏政办发〔2024〕10号),提出加快推动绿色船舶发展,推进纯电池动力技术在内河船舶应用,引导建造、改造内河电动船舶及配套充电设施,并提出三年的电动船舶运营及投放目标。

6.1.3 标准规范

目前我国在电动船舶的标准规范制定方面尚处于初期发展阶段,相应的国家、行业标准主要集中在电池运输、性能测试等领域,虽一定程度地为电动船舶的设计建造提供参考,但仍需进一步完善和提升。

2019年11月,中国船级社发布《纯电池动力电动船检验指南》,从风险控制的角度对不同安全等级的锂电池分别从蓄电池单体、蓄电池模块(蓄电池包)、BMS、电池系统、直流母排系统、集装箱式移动电源等方面提出了产品检验要求和船舶检验要求,适用于以蓄电池为推进电源的船舶（包括海船和河船）的设计、建造和检验以及蓄电池及其BMS的试验和检验。

2021年6月30日，新能源电动船产业标准化联盟发布了团体标准《内河双电（锂离子蓄电池、超级电容）纯电动船电力系统》（T/GDLIA 6—2021），标准于2021年10月14日实施。

6.1.4 经济激励

（1）国家补贴

2014年4月，交通运输部印发《内河船型标准化补贴资金管理办法》（财建〔2014〕61号），对船舶拆解、改造的船舶所有人和新建示范船［液化天然气（LNG）动力示范船和高能效示范船］的水路运输经营者进行资金补贴。

2024年3月，国务院印发《推动大规模设备更新和消费品以旧换新行动方案》（国发〔2024〕7号），提出大力支持新能源动力船舶发展，完善新能源动力船舶配套基础设施和标准规范，逐步扩大电动、液化天然气动力、生物柴油动力、绿色甲醇动力等新能源船舶应用范围。

2024年5月，交通运输部等十三部门印发《交通运输大规模设备更新行动方案》（交规划发〔2024〕62号），明确提出大力支持新能源清洁能源动力运输船舶发展，支持新建新能源、清洁能源动力船舶，支持绿醇、绿氨等燃料动力国际航行船舶发展，推动LNG、生物柴油动力船舶在具备条件的沿海、内河航线应用，支持纯电池动力在中小型、短距离内河船舶试点应用，支持船舶探索开展箱式电源等可移动设备换装模式试点应用，逐步扩大绿电、LNG、生物柴油、绿醇等能源在船舶领域的应用。

（2）地方补贴

2017年12月6日，深圳市四部门联合印发《深圳市绿色低碳港口建设补贴资金管理暂行办法》（深人环规〔2017〕3号），对新增天然气或电力等清洁能源动力的深圳籍船舶，按船舶发动机成本的30%予以补贴，每艘船最高补贴额度不超过1500万元。

2019年1月25日，广州市印发《广州港口船舶排放控制补贴资金实施方案》（穗港局〔2019〕33号），提出对2016年7月20日以后新建造的清洁能源动力船舶（纯电动或纯LNG船舶）进行补贴，按照船舶动力系统成本（包括电池及电力推进系统）的30%予以补贴，其中珠江游船舶给予40%的补贴，每艘船最高补贴额度不得超过1500万元。

2023年，浙江省财政厅、浙江省交通运输厅联合印发《浙江省交通碳达峰省级补助资金管理办法》(浙财建〔2023〕30号)提出在水路方面重点支持新能源船舶更新,老旧船舶淘汰或改造等。

6.2 技术原理及方案

6.2.1 技术原理

电动港作拖轮是指以电力动力源取代原有的柴油发动机或设备,以驱动螺旋桨或启动全船辅助机电设备,从而完成拖轮的助泊作业,同时也能解决常规港作拖轮面临的污染物排放高、能耗高、运营成本高和噪声大等问题。港作拖轮是港口的重要辅助作业设备,几乎处于全天候待命或作业状态,常规拖轮作业阶段主要依靠主机和辅机提供动力和辅助动力供应,待命阶段主要依靠辅机提供辅助动力供应,主机和辅机将消耗大量的燃料,产生大量的污染排放。而港作拖轮电动化后,可有效减少大气污染物和温室气体排放,并大幅降低现场噪声,有利于船员的身心健康。

电动港作拖轮技术与电动船舶技术原理类似,如图6-1所示,主要包括两种方式,即纯电动驱动和柴油电力混动驱动。在特定转速下可实现发动机的最佳性能。但只要偏离这一转速,效率就将下降,通常甚至达到两个百分位数的下降,从而增加了燃料消耗量。电驱动或者混合动力驱动装置以不同的方式施力,让发动机始终在最佳转速上运行。

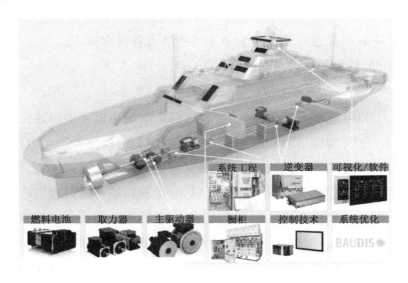

图6-1 电动船舶技术原理示意图

6.2.2 实施方案

随着德国BAUMULLER(鲍米勒)、达门船厂集团、中国船舶、亿纬锂能、宁德时代、比亚迪等国内外自动化、船舶、电池企业对电动船舶的关注、研发、制造,电动船舶有了较好的发展趋势,目前电动港作拖轮主要可以采用以下三种实施方案。

(1)柴油电力混合动力技术

对于柴油电力混合动力技术来说,船用螺旋桨由逆变器馈电型同步发动机驱动,并从发电机(如液化天然气、柴油、燃料电池发电机)中获得能量,技术原理如图6-2所示。内燃机和电动机的组合具有众多的优势,因而在航运领域具有特殊的吸引力。除了能显著降低燃油消耗量以外,组合发电机在流动水体中最多还能够减少28%的噪声和振动。另外,该技术能够通过降低柴油发动机的功率,使其在最佳转速范围内运行,改善整体的效率。例如,在海上处于精确操纵过程中或者必须保持在某个固定位置的船舶,实际上只需要低功率运行。如果是纯柴油驱动,在这种情况下,与之前较快的定向航行情况相比,转速就会显著降低,发动机因此就不在其最佳效率范围内运行。反之,如果在这种情况下采用电驱动装置,变频器将通过同步电机直接控制螺旋桨的转速,显著降低运行速度,由于同步电机在低转速情况下也能达到高效率,因此电动运行模式就可节省动力燃料。

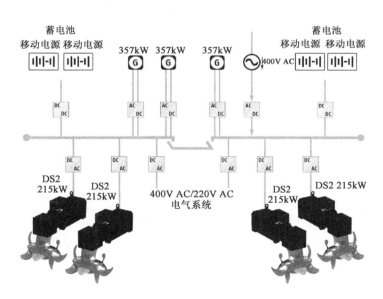

图6-2 柴油电力混合动力技术原理图

(2)平行混合动力技术

平行混合动力驱动技术将柴油机和电动机串接,两者功率和扭矩会叠加,可以对电动机进行耦合和脱耦。并且内燃机将保持非常好的效率,促动器负责吸收峰值负载,并且同样也用于产生能量,如图6-3所示。

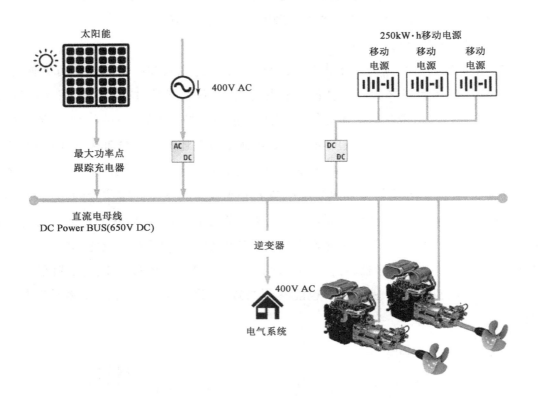

图6-3 平行混合动力技术原理图

(3)纯电力驱动

对于平行混合动力驱动技术来说,动力完全由锂电池提供,而非柴油发动机。其中内含电动机、带有能源管理系统的可调式锂电池、开关柜、反应舵和螺旋桨控制系统。通过控制器局域网(CAN)总线和以太网控制自动化技术(EtherCAT),与其他所有子系统相连的集成自动化系统,用于控制和监视船上的机械和辅助系统。另外,电力驱动系统可补充柴油应急机组,确保即使电池电量耗尽也能保证机动能力,如图6-4所示。

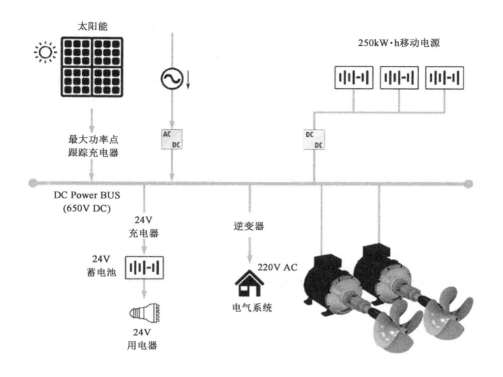

图 6-4 纯电动驱动技术原理图

6.3 典型案例及效果

6.3.1 典型案例

连云港港是江苏省最大海港,是中国沿海 25 个主要港口、12 个区域性主枢纽港和长三角港口群三大主体港区之一,也是全国首个低碳试点港,肩负着江苏省港口重要的节能减排使命。为了更好地响应国家号召,积极落实交通运输部船舶岸电相关政策,很好应对国际海事组织(IMO)减排法规(Tier Ⅲ)要求,结合国家《打赢蓝天保卫战三年行动计划》,连云港港率先对纯电池驱动的港作拖轮进行研究和建造,并建造完成了国内首艘纯电动拖轮——"云港电拖一号"。该项目于 2020 年 5 月启动建造,2021 年 8 月 16 日建造完成并开始在连云港港投入运行,主要用于港口水域协助进出港船舶靠离码头助泊(顶推和倒拖等)作业。

该项目的拖轮动力推进系统包含锂电池系统、直流配电系统和永磁推进系统等，由中国船舶集团有限公司（简称"中船集团"）第七一二研究所研发，整船设计由中船集团第七〇八研究所提供，图纸审核由中国船级社武汉审图中心完成，最终在连云港鸿云实业有限公司造船基地建造。该项目实现了四个创新：①首次将磷酸铁锂电池组作为主动力源应用于拖轮；②首次采用高压岸电充电方案；③已交付纯电船舶电池容量最大；④已交付纯电船舶推进功率最大。该项目的电动拖轮是由纯电池动力驱动的2982.8kW港作拖船，为钢质全焊接、单甲板、倾斜龙骨、前倾首柱、圆角方艉，并由磷酸铁锂动力电池供电、双变频电机驱动全回转舵桨的船型，可实现快速充电2h即可充满电，助泊作业持续时间不小于8h。

2023年11月20日，全球功率最大纯电拖轮——"云港电拖二号"在连云港港启用。功率由2982.8kW升到4026.78kW，电池装机容量扩容达到7224kW·h，容量更大、功率更强，是现阶段全球范围内功率最大、电池装船容量最大的纯电拖轮。

6.3.2 应用效果

由连云港港口集团有限公司轮驳分公司承建的电动拖轮总长总电量设计为5000kW·h。据测算，该电动拖轮每年可以节约燃油消耗约300t，每年将可减排约900t碳氧化物，相当于400多辆小汽车的减排量，对进一步推进绿色港口建设具有重要意义。

河北港口集团秦皇岛港股份有限公司精心设计并投入使用的第一艘混合动力拖轮——"秦港28"。据测算，"秦港28"每月可节省约10t柴油，预计每年可减少柴油使用量约113.4t。按照每节约1L柴油减排二氧化碳2.63kg计算，年累计减排达355t。

全国首艘"绿色应急拖轮"——"厦港拖30"拖轮，年均综合节能率可达26%，每年可节油200余t、减排二氧化碳600余t。

此外，中船集团七〇四所已成功承接浙江省海港投资运营集团有限公司大功率海港拖轮混合动力系统及智能化系统项目，成为国内第一家为拖轮提供成套混合动力系统及智能化系统的单位。该项目的实施将使海港集团拖轮具备纯电动航行及作业能力，实现港区"零"排放，并在常规动力模式、混合动力模式和纯电动模式的综合应用场景下，整体油耗比传统拖轮节能25%以上。

7 热 泵

港口的节能环保新技术应用不仅体现在装卸设备上,而且应该涵盖码头装卸业务与后勤保障的全过程。港口食堂、浴室的供热采用热泵和能源循环组合集成技术取代传统的燃煤、燃油、燃气加热的方法,可显著节约了能源成本,实现零排放。采用热驱动热泵后,港口的 CO_2 排放量明显降低。通过改善性能、减少工质泄漏与使用新工质,热泵将在降低碳排放上发挥更大的作用。

我国南方省份的热泵市场潜力很大,北京等地也已经在提供激励措施。然而,尽管有地方性的激励和项目,热泵技术在我国的推广仍缺乏国家层面的支持。例如,国家层面没有将热泵列为可再生能源,这意味着相关项目不会受益于北方省份的清洁能源补贴资金。

天津港、大连港、宁波舟山港、广州港等港口有使用地源、水源或空气源热泵技术,满足部分办公楼宇的供暖或制冷,以及员工洗浴热水供应需求的实践,但是普及程度较低。

7.1 发展背景及历程

7.1.1 发展背景

在全球终端能源消费量中,供热和制冷能源消费量约占50%,是非常重要的终端能源需求,也是落实"双碳"行动需要关注的重点领域。全球热泵市场正在持续增长,将是未来增长最快的供热技术,也是各国支撑节能减碳的关键技术。目前,热泵满足着全球将近5%的供热需求。2019年,全球近2000万家庭购买了热泵,而2010年购买热泵的家庭数量仅为1400万。在欧洲,热泵的销售量在短短两年内增长了25%,其中空气源热泵的销量较高。在德国等国家,新建建筑中热泵供热面积已持续超过燃气供热面积。根据国际能源署预测,到2050年全球实现"净零"排放情景下,2030年和2050年,热泵占供暖需求的份额将分别达20%、55%,安装的热泵数量将分别达6亿台、18亿台。

19世纪早期法国科学家萨迪·卡诺(Sadi Karnot)在1824年发表论文,首次提出"卡诺循环"理论,这成为热泵技术的起源。1852年英国科学家开尔文(Kelvin)提出冷冻装置可以用于加热,即将逆卡诺循环用于加热的热泵设想,他首次提出了一个正式的热泵系统,当时称为"热量倍增器"。之后许多科学家和工程师对热泵进行了大量研究,研究持续80年之久。1912年瑞士苏黎世成功安装了一套以河水作为低位热源的热泵设备用于供暖,这是早期的水源热泵系统,也是世界上第一套热泵系统。

热泵工业在20世纪40年代到50年代早期得到迅速发展,家用热泵和工业建筑热泵开始进入市场,热泵进入了早期发展阶段。20世纪70年代以来,热泵工业进入了黄金时期,世界各国对热泵的研究工作都十分重视,诸如国际能源机构和欧洲共同体,都制定了大型热泵发展计划,热泵新技术层出不穷,热泵的用途也在不断地开拓,被广泛应用于空调和工业领域,其在能源的节约和环境保护方面起着重大的作用。21世纪以来,随着"能源危机"出现,燃油价格骤升,经过改进发展成熟的热泵以其高效回收低温环境热能、节能环保等特点,重新登上历史舞台,成为当前最有价值的新能源科技之一。前国际热能署专门成立国际热泵中心,设立热泵推广工程(Heat Pump Programme),向全世界推广协调热泵技术。美国、加拿大、瑞典、德国、日本、韩国等国政府均发出专门官方指引,促进热泵技术的社会应用。

相较其他国家关于热泵的研究,我国热泵的研究工作起步约晚20~30年。新中国成立后,随着工业建设新高潮的到来,热泵技术才开始引入我国。21世纪后,由于我国沿海地区的快速城市化等因素,拉动了我国空调市场的发展,促进了热泵在我国越来越广泛的应用,热泵的发展十分迅速,热泵技术的研究不断创新。从2001年热泵起步开始,经过多年的培育,我国热泵行业开始从导入期转入成长期。2015年11月25日,我国住房和城乡建设部科技发展促进中心发布了《空气热能纳入可再生能源范畴的指导手册》。在"煤改清洁能源"等项目的推动下,空气源热泵空调迎来了高速发展。2013—2020年,空气源热泵空调市场规模增加了近2倍。港口热泵技术的快速发展,一方面,在能源问题日益严重的背景下,热泵节能优势越来越明显,另一方面,技术发展与多方力量的加入以推动热泵技术创新有很大关系。

7.1.2 政策法规

2021年10月,国务院印发《关于完整准确全面贯彻新发展理念做好碳达峰碳中和工作的意见》和《2030年前碳达峰行动方案》,明确提到,要加快优化建筑用能结构,并因地制宜推进热泵能等清洁低碳供暖。目前,我国热泵产业发展规模和应用面积位居世界首位,尤其是空气源热泵市场应用规模已超过全球的一半,已从跟随者变成了引领者。在落实"双碳行动"落实的背景下,我国港口需要更快节奏、更大力度地推进建筑用能低碳化,热泵技术的应用是推动港口建筑领域绿色低碳发展的重要路径。

7.2 技术原理及方案

7.2.1 技术原理

热泵是一种将低温热源的热能转移到高温热源的装置,通过这种装置来实现制冷和供暖。热泵装置的工作原理与压缩式制冷机是一致的,在夏季空调降温时,按制冷工况运行,由压缩机排出的高压蒸汽,经换向阀(又称四通阀)进入冷凝器,制冷剂蒸汽被冷凝成液体,经节流装置进入蒸发器,并在蒸发器中吸热,将室内空气冷却,蒸发后的制冷剂蒸汽,经换向阀后被压缩机吸入,这样周而复始,实现制冷循环。在冬季取暖时,先将换向阀转向热泵工作位置,于是由压缩机排出的高压制冷剂蒸汽,经换向阀后流入室内蒸发器(作冷凝器用),制冷剂蒸汽冷凝时放出的潜热,将室内空气加热,达到室内取暖目的,冷凝后的液态制冷剂,从反向流过节流装置进入冷凝器(作蒸发器用),吸收外界热量而蒸发,蒸发后的蒸汽经过换向阀后被压缩机吸入,完成制热循环。热泵的基本原理如图7-1所示。通常用于热泵装置的低温热源是我们周围的介质——空气、河水、海水、城市污水、地表水、地下水、中水、消防水池,或者是从工业生产设备中排出的工质,这些工质常与周围介质具有相接近的温度。

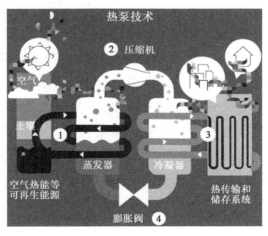

图7-1 热泵工作原理图

7.2.2 实施方案

根据热泵提取低品位热能的来源,热泵技术可分为空气源热泵、地源热泵和水源热泵。目前,港口行业多采用空气源、海水源、地源(此处主要指土壤源,下同)作为热泵装置的低温热源,以下分别介绍其优缺点和应用条件。

(1)空气源热泵

空气源热泵运行时,蒸发器从空气中的环境热能中吸取热量以蒸发传热工质,工质蒸气经压缩机压缩后压力和温度上升,高温蒸气通过黏结在储水箱外表面的特制环形管时,冷凝器冷凝成液体,将热量传递给空气源热泵储水箱中的水。空气源热泵原理如图7-2所示。

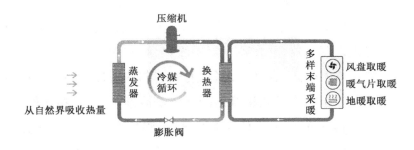

图7-2 空气源热泵原理图

①优点:空气源热泵不受所在地资源限制,不污染地下水;性能系数(COP)为2~3;初投资较低;可装设在屋顶,无须单设机房,节省占地;安装方便,操作简单,无须专管技术人员。

②缺点:空气侧换热器体积大、占空间、供热规模受限,涡旋式单台功率一般为7~70kW,若采用螺杆机单台可达到700kW;结霜现象导致热阻增加,风机风量下降,热泵性能受影响,须定期除霜或采用辅助热源以提高换热效率、减少结霜;冬季压缩机回气量减少,出力下降,制冷剂携带润滑油减少,磨损增大,电机工况恶化,须及时增补回气避免事故;制冷剂大多为氟利昂,破坏大气臭氧层,导致温室效应。

③适用范围:空气源热泵在我国长江中下游及其周边地区的中小型建筑物已得到相当广泛的应用;若加强其在寒冷地区的适用性,须考虑将双级压缩循环、强化补气技术、喷射增焓技术、太阳能辅助系统等多种技术应用于普通空气源热泵技术中。

(2)海水源热泵

海水源热泵通过输入少量高品位能源实现低温位热能向高温位转移,水体分别作为冬季热泵供暖的热源和夏季空调的冷源。在夏季,海水源热泵将建筑物中的热量"取"出来,释放到水体中去。由于水源温度低,可以高效地带走热量,以达到夏季给建筑物室内制冷的目的。而在冬季,海水源热泵则是通过水源热泵机组,从水源中"提取"热能,送到建筑物中采暖。海水源热泵的原理如图7-3所示。

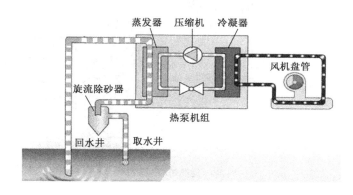

图7-3 海水源热泵原理图

①优点:港口周边海水资源丰富,具有得天独厚的条件;海水比热较大,更适宜作为冷热源;海水源热泵属水源热泵,此类机组技术相对成熟;无须设冷却塔,减少了噪声和菌群;海水源热泵由电力驱动,但其热效率为电力的4倍,加之可同时制冷,能源转换效率显著提高。

②缺点:取水是其关键核心技术,有待进一步研究实践,包括取水方式、供水参数等内容;水温、水质和水量直接影响系统运行效果,决定系统的初始投资,以及运行、维修和维护等费用;在不同地区,不同需求条件下,前端水源系统的海水供回水管道的敷设位置、方式对投资造成影响;影响周边海洋环境,海水温度改变影响海洋生物的新陈代谢、代谢速率、生长和繁殖功能。

③适用范围:适用性有限,国内港口工程实际经验不多,需因地制宜;对于沿海港口来说,其适用的前提要解决好海水取水管网、设备防腐及低温换热等一系列关键问题。

(3)地源热泵

地源热泵是一种利用浅层地热资源(也称地能,包括地下水、土壤或地表水等),既可供热又可制冷的高效节能空调设备。地源热泵通过输入少量的高品位能源(如电能)实现由低温位热能向高温位热能转移。地能分别在冬季作为热泵供热的热源和夏季制冷的冷源,即在冬季,把地能中的热量取出来,提高温度后,供给室内采暖;在夏季,把室内的热量取出来,释放到地能中去。通常地源热泵消耗1kW·h的能量,用户可以得到4kW·h以上的热量或冷量。地源热泵的原理图如图7-4所示。

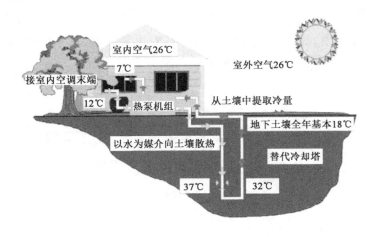

图7-4 地源热泵原理图

①优点:地层在未受干扰的情况下常年保持恒定的温度,不受冬夏季室外温度影响;节能效率高于空气源热泵,地源热泵制冷时比传统中央空调系统运行效率要提高30%~50%,供暖时要比热力管网集中供热或燃油燃气供热系统降低20%~60%。

②缺点:以土壤源为主体的地能系统,地下换热器的换热效率较低,因而地下换热器需要占用较大的土壤面积和空间,初投资较大且受到土地资源制约;对建设地点的地质条件依赖性较强;存在全年吸、释热量不平衡的情况,须采用辅助热源或冷却源与地埋管换热器进行调峰,对于冬季吸热量大于夏季排热量的北方寒冷地区,最常用的方法是采用带有太阳能集热器辅助加热的"太阳能+地源热泵"系统。

③适用范围:土壤源热泵适应地区广泛,是热泵理想的热源形式。根据工程经验,土壤源热泵系统所占用的土地面积和所服务的建筑物空调面积的比例为(1.3~1.5):1。

7.3 典型案例及效果

7.3.1 典型案例

(1)空气源热泵

南通港口集团有限公司从2007年下半年开始,为解决员工洗浴问题,率先在姚港港务公司采用6台空气源热泵热水机组为该港区三班职工600人提供洗浴热水。2009年3月,通州港务公司又有7台机组投入使用,为700人提供洗浴热水。狼山分公司采用9台机组为900人提供洗浴热水。

热泵一期工程主要是对姚港港务公司原有燃煤锅炉房及浴室进行的技术改造,用6台KRS-960/G-A空气源热泵热水机组替代原有的2台1.5t燃煤锅炉。按照每人80L的用水量提供600人次的洗浴热水。工程利用原有的热水管线和蓄水箱,增设了循环加热水箱、电辅助加热系统、智能控制系统等。

当水箱温度探测点探测到低温信号,热泵启动开始循环加热,当加热到设定温度,热泵自动停机。倒水泵将循环加热水箱中加热至设定温度的水送至原水箱。倒水泵的启停根据循环加热水箱的水温和原水箱的液位控制。当循环加热水箱的温度达到设定要求且原水箱的水位低于设定值时,开启倒水泵。

原水箱采用电辅恒温控制,当水箱中的水长时间不用时,水箱会有热损,这时采用电辅助加热对原水箱中的水进行加热。

(2)海水源热泵

大连港大窑湾三期集装箱码头启动海水热泵工程(国家示范项目),海水源热泵机组在供热方面运行费用是油锅炉的1/3,是电锅炉的2/3,略高于煤锅炉。该工程总建筑面积16000m^2,每年采暖需1410kW热量,折合标准煤340t(其中不包括发电消耗的标准煤)。在供冷方面运行费用是电制冷的50%,是直燃式溴冷机的23%。其中,三期集装箱码头业务楼整个夏天的供热需求全部由海水直供,节能超过正常电制冷的63%。

大连港矿石码头螺杆式海水源热泵机组承担2.1万m^2建筑单体供热(制冷),全年满足130人/d的卫生热水要求。海水水源通过打井经海底岩石裂隙渗透至井中获得。

大连港某港口候船楼海水源热泵系统建筑面积5595m^2,空调面积5495m^2,由候船室、售票厅和办公区组成。建筑设计热负荷为500kW,冷负荷为600kW,投资233万元。根据测得的采暖期部分运行数据、设备厂家提供的海水机组样本和所配备的水泵功率进行估算,热泵系统冬季COP值为3.0,年累计供热量为1098MW·h,年累计供冷量为574MW·h。

(3)地源热泵

天津港第一个地源热泵项目为第一港埠有限公司集装箱检查桥,建筑面积46.5m^2,改造前冬季采用电热板采暖,配置了500W电热板采暖片21片;夏季采用了2台1.118kW空调进行制冷。该项目初投资4.15万元,热泵机组为1台制热量为32.6kW、制冷量为20.6kW的模块式机组,改造后2年收回初投资。年均耗电量11340kW·h,节电量22680kW·h,节能量66%,节约费用近2万元。

天津港在建设绿色港口期间,依托旗下17家公司开展应用和推广,完成了17.5万m^2地源热泵系统应用项目,总投资5280.12万元,节能量超4000t标准煤。

7.3.2 应用效果

(1)空气源热泵

南通港应用空气源热泵热水机组改变了传统的职工洗浴用能模式,有效降低了能耗,减少了污染气体的排放,实现了可再生能源的有效利用,在港口行业起到了带头和示范的作用。该项目具有较好的经济效益和社会效益,在气候条件相似的地区具有广泛的推广价值。项目效益包括以下几个方面。

①节能效益:以2007年数据为例,全集团日均用热水量在180t以上,燃煤锅炉全年耗原煤量为970t(以系数0.7143kg标准煤/kg计算,折成标准煤692t),每吨水的能耗为10.54kg标准煤。空气源热泵系统制备每吨热水耗电量为14.79kW·h/t,折合标准煤5.18kg。计算能源节约率达到50%左右。以每天制备180t温度55℃的热水计算,该项目全部投入使用后,全年集团在职工浴室热水供应可节约标准煤352t。

②社会效益:空气源热泵热水供应系统项目充分利用清洁能源空气的热量和少量电能,并且热泵机组在运行过程中,没有任何污染物排放,符合国家对能源利用和环保的要求。该项目实施后,仅一期工程(姚港项目)每年减排烟尘2.46t、二氧化硫7.88t和氮氧化物3.75t(按污染物排放系数及污染物排放量计算方法计算,每吨煤烟尘排放量5kg、二氧化硫16kg和氮氧化物7.6kg)。预期整个项目完成后,每年可减排烟尘7.38t、二氧化硫23.64t和氮氧化物11.25t,减排效果显著。空气源热泵热水系统大大降低了安全隐患,不需要专业操作人员,免去了锅炉年检、司炉工培训等工作。

③经济效益:以一期工程为例,空气源热泵热水系统比改造前燃煤锅炉系统每年节约能源费用约16万元,节约人工费约28万元。空气源热泵热水系统一次性投资为80万元,其静态投资回收期约为2年。空气源热泵热水系统的维护成本低,无须专人看守,节约占地空间。经济效益比较明显。

(2)海水源热泵

海水源热泵系统是一种新型清洁的能源利用方式,利用海洋能量来满足建筑的制冷和采暖需求。在夏季,海水源热泵没有冷却水塔,减少了噪声和军团菌对环境的影响;在冬季,海水源热泵减少了燃煤锅炉的数量,显著降低了有害气体对环境的影响。据测算,大连港每年减少向大气排放一氧化碳(CO)85t、碳氢化合物13t、氮氧化物(NO_x)12t、二氧化硫(SO_2)50t和粉尘35t。通过前面的系统描述可以了解到,海水源热泵使用电能,电能本身就是一种清洁的能源。因此,海水源热泵系统的运行没有任何污染、燃烧、排烟、废弃物,不需要堆放燃料废物的场地。

(3)地源热泵

天津港主要依托旗下公司开展地源热泵的应用,应用面积超19万 m^2。收益计算如下:根据《地源热泵系统节能量核算技术细则》,计算出地源热泵系统夏季制冷工况单位时间面积的能耗量,再求出电制冷方式单位时间面积能耗量,两者之差就是夏季制冷工况单位时间面积节能量,用相同方式再求出冬季采暖工况单位时间面积节能量,最后根据项目运行时间和总建筑面积求出项目节能量。根据《实用供热空调设计手册》,办公室热负荷为 $60×10^{-3}$~$80×10^{-3}kW/m^2$(计算中取 $75×10^{-3}kW/m^2$),冷负荷 $90×10^{-3}$~$120×10^{-3}kW/m^2$(计算中取 $100×10^{-3}kW/m^2$),采暖期按150d、空调按130d计,则绿色循环低碳港口建设期间,天津港实施190643.6m^2地源热泵系统后,每年可实现节能4775.56t标准煤,减排二氧化碳5289.43t。

8 风光储一体化

8.1 发展背景及历程

8.1.1 发展背景

风光等新能源具有间歇性和波动性,随着新能源发电装机容量逐年提高,产生的波动对接入系统会造成一定的冲击。为提升能源清洁利用水平和电力系统运行效率,我国提出了"风光储一体化"新能源体系建设。"十四五"期间,国家非常重视风光与储能以及其他电源的协调互补,以此来实现各类能源产业链的全面发展,打造完整的清洁能源体系。

与传统电力系统相比,新能源发电广泛替代常规电源将深刻改变电力系统技术基础。储能技术能够帮助风光在发电侧降低弃风率和弃光率、在电网侧通过辅助服务维持稳定运转、在用户侧削峰填谷或当备用电源。从电源侧看,风电、光伏发电既是装机主体、电力与电量的供应主体,也是系统安全稳定运行的责任主体,储能等灵活调节资源愈加重要。

推进新能源与储能融合是一项系统工程,需要"源网荷储"各方系统推动技术进步、商业模式创新、应用场景探索。"风光+储能"作为发展潜力巨大的新的产业形态,在能源革命的推进中将起到关键作用,在推动新时代能源更高起点、更高层次、更高质量的发展中不可或缺。

8.1.2 政策法规

在碳中和背景下,我国正在构建以新能源为主体的新型电力系统。"新能源+储能"被认为是能源革命的方向。

2020年,国家发展改革委、国家能源局发布《关于开展"风光水火储一体化""源网荷储一体化"的指导意见(征求意见稿)》;2021年,又相继发布《关于推进电力源网荷储一体化和多能互补发展的指导意见》(发改能源规〔2021〕280号)以及《关于报送"十四五"电力源网荷储一体化和多能互补发展工作方案的通知》,两份文件意味着"风光水火储"和"源网荷储"两个一体化工作正式启动。

2021年3月5日发布的《关于推进电力源网荷储一体化和多能互补发展的指导意见》,提出推进多能互补,提升可再生能源消纳水平。对于存量新能源项目,结合新能源特性、受端系统消纳空间,研究论证增加储能设施的必要性和可行性。对于增量"风光储"一体化,优化配套储能规模,充分发挥配套储能调峰、调频作用,最小化"风光储"综合发电成本,提升综合竞争力。

2021年3月30日,《中华人民共和国国民经济和社会发展第十四个五年规划和2035年远景目标纲要》正式获得通过,要求构建现代能源体系,推进能源革命,建设清洁低碳、安全高效的能源体系,提高能源供给保障能力。该方案重点提到加快非化石能源的发展,"建设一批多能互补的清洁能源基地,有序发展海上风电,加快西南水电基地建设"。

在"风光储一体化"政策出台的背景下,多家央企和国企与地方政府签署了"风光火储一体化"协议,据统计,2021年1~8月,全国共签约/规划风光火储项目68个,已明确的项目规模为106.83GW,已明确的投资金额为3203.79亿元。其中,17家央企和国企签约风光储项目55个,项目规划规模78.71GW,投资总额2574.9亿元。

8.2 技术原理及方案

8.2.1 技术原理

(1)风力发电技术

风力发电的原理,是利用风力带动风车叶片旋转,再通过增速机将旋转的速度提升,驱动发电机发电。最简单的风力发电机可由叶轮和发电机两部分构成。空气流动的动能作用在叶轮上,推动叶轮旋转,将动能转换成机械能,叶轮的转轴与发电机的转轴相连,带动发电机发电。20世纪,现代风机增加了齿轮箱、偏转系统、液压系统、刹车系统和控制系统等。齿轮箱可以将很低的风轮转速变为很高的发电机转速,同时也使得发电机易于控制,实现很稳定的频率和电压输出。偏航系统可以使风轮扫掠面总是垂直于主风向,风轮沿水平轴旋转,以便产生动力。对于变桨距风力发电机,组成风轮的叶片要围绕根部的中心旋转,以便适应不同的风况。而变桨距在停机时,叶片尖部甩出,以便形成阻尼。控制系统是现代风力发电机的神经中枢,现代风机是无人值守的:风机的控制系统根据风速、风向对系统加以控制,在稳定的电压和频率下运行,自动地并网和脱网,对出现的任何异常进行报警,必要时停机。

(2)光伏发电技术

光伏发电系统是通过太阳能电池板将太阳的辐射能量直接转换成电能的发电系统。它一般由太阳能电池组件、控制器、蓄电池组、直流—交流逆变器、直流负载和交流负载等部分组成,基本原理如图8-1所示。不论是独立使用还是并网发电,光伏发电系统主要由太阳能电池板(组件)、控制器和逆变器三大部分组成,它们主要由电子元器件构成,不涉及机械部件。所以,光伏发电设备极为精炼,可靠稳定寿命长、安装维护简便。

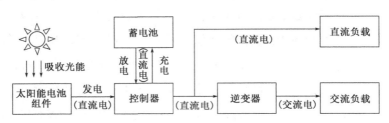

图8-1 光伏发电的基本原理

(3)风光互补技术

风光互补是一套发电应用系统,该系统是利用太阳能电池方阵、风力发电机(将交流电转化为直流电),将发出的电能存储到蓄电池组中(图8-2),当用户需要用电时,逆变器将蓄电池组中储存的直流电转变为交流电,通过输电线路送到用户负载处。风光互补技术可使风力发电机和太阳电池方阵两种发电设备共同发电。

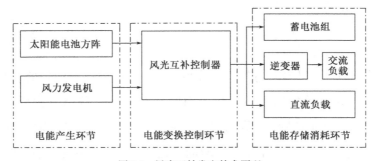

图8-2 风光互补发电技术原理

(4)储能技术

目前应用的储能技术以抽水储能、飞轮储能、电池储能等为主(图8-3)。度电成本最低的储能技术路线为抽水储能,但这种储能形式的部署很大程度受到客观条件限制,既需要一定规模的自然(或人工)水体,又需要有一定的海拔落差,且储能规模通常在数百兆瓦,因此仅适用于部分发电侧部署(如配套核电站建设);而电池储能因其模块化、响应速度快等特点,部署位置就灵活得多,在电网的发、输、配、用电侧均可部署,目前许多电池储能系统以标准集装箱形式封装,也便于在客户需求变化时调整其部署位置。

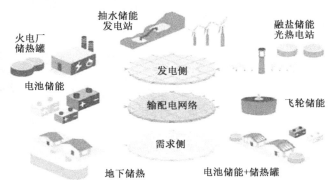

图8-3 能源系统中不同环节所使用的储能技术

① 抽水储能:抽水储能发电站配备上、下游两个水库,负荷低谷电能富余时,将下游水库的水抽到上游水库保存;负荷高峰电能缺口时,利用储存在上游水库中的水发电。抽水储能是目前存储大规模电力技术最成熟、成本效益最好的储能技术,也是当前唯一被广泛采用的大规模能量存储技术。抽水储能技术原理如图8-4所示。

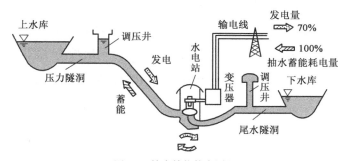

图8-4 抽水储能技术原理

② 飞轮储能:飞轮储能的原理是将电能通过电动机转化为飞轮转动的动能进行储存。供电时,将飞轮的动能通过发电机转化为电能输出到外部负载。飞轮转子是飞轮储能系统中的核心部件之一。飞轮转子材料一般选用强度很高的玻璃纤维或碳纤维等复合材料,在低速时也可选用高强度钢和铝合金。飞轮转子的设计力求提高转子的极限角速度,减轻转子质量,最大限度地增大储能量。轴承系统用于支撑飞轮转子,是制约飞轮转速的关键因素之一。轴承系统的性能直接影响飞轮储能系统的可靠性、效率和

寿命。目前，轴承系统一般主要采用永磁轴承、电磁轴承、超导悬浮轴承等非接触式磁轴承或其他低摩擦功耗轴承支承飞轮，并对轴承进行机械保护。飞轮储能技术原理如图8-5所示。

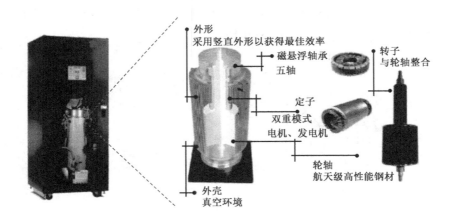

图8-5　飞轮储能技术原理

③锂电池储能：锂电池根据不同的正极材料，主要可以细分为四类：钴酸锂电池、锰酸锂电池、磷酸铁锂电池和多元金属复合氧化物电池，多元金属复合氧化物包括三元材料镍钴锰酸锂和镍钴铝酸锂等。锂电池实际上是一个锂离子浓差电池，正负电极由两种不同的锂离子嵌入化合物构成。充电时，锂离子从正极脱嵌，经过电解液进入负极，此时负极处于富锂态，正极处于贫锂态。放电时则相反，锂离子从负极脱嵌，经过电解液嵌入正极，此时正极处于富锂态，负极处于贫锂态。锂电池是目前相对成熟技术路线中能量密度最高的实用型电池；转换效率可达到95%及以上；一次放电时间可达数小时；循环次数可达5000次及以上，响应快速。锂电池储能技术原理如图8-6所示。

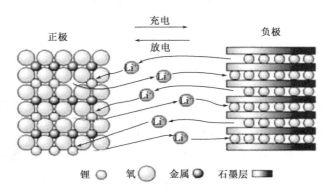

图8-6　锂电池储能技术原理

④超级电容储能:超级电容器由2个多孔电极、隔膜及电解质组成,电容器依靠电子的迁移携带能量,超级电容器按原理可以分为双电层电容器和赝电容器。目前,双电层电容器的技术更为成熟,在市场上已经逐步推广,所以现在市场上所说的超级电容器一般都是指双电层电容器。超级电容器在结构上包括正极、负极和电解液,外加电压接到超级电容器的两个极板上,极板的正极板存储正电荷,负极板存储负电荷,在超级电容器的两极板电荷上产生的电场作用下,电解液与电极间的界面形成相反的电荷,以平衡电解液的内电池,因此充放电过程始终是物理过程。

(5)风光储一体化技术

由于风能和光能的间歇性和随机性,风、光独立运行系统很难提供连续稳定的能量输出。如果在风、光互补的基础上加入储能装置组成"风光储联合"发电系统,就可以充分利用风能和光能在时间及地域上的天然互补性,同时配合储能系统对电能的存储和释放,改善整个风光发电系统的功率输出特性,缓解风能、光能等可再生能源的间歇性和波动性与电力系统需要实时平衡之间的矛盾,降低其对电网的不利影响。"风光储联合"发电系统通过对风能与光能的存储与释放,可以使不稳定的能源变成稳定的具有较高品质的电力产品,增加电网对可再生能源的吸纳程度。

"风光储联合"发电系统主要由风力发电单元、光伏发电单元、储能系统和智能控制调度系统等构成(图8-7)。风电和光伏两种发电方式在能源的采集上互相补充,同时又各具特色:光伏发电供电可靠、运行维护成本低、但造价高;风力发电发电量高、造价和运行维护成本低,但可靠性低。"风光储联合"发电系统不仅为解决当前的能源危机和环境污染开辟了一条新路,而且有效改善了风电和光伏发电单独输出电力时对系统稳定性和可靠性的影响。

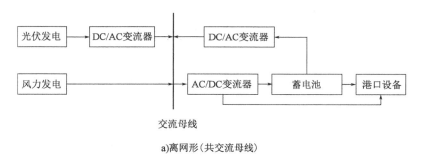

a)离网形(共交流母线)

图 8-7

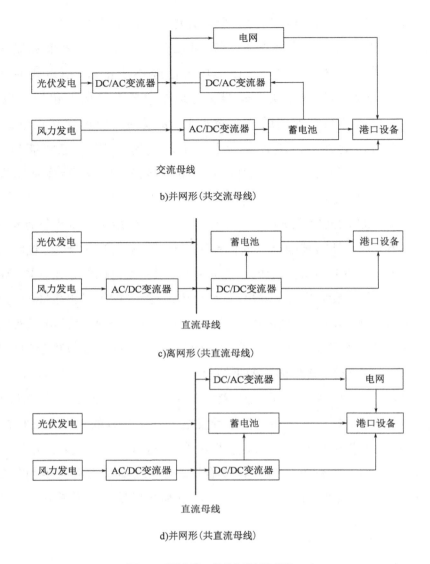

图 8-7 "风光储一体化"系统示意图

8.2.2 实施方案

(1)风力发电技术

由于港口企业普遍具有近水的资源优势,拥有广阔的水陆域,受季风及水陆热力性质差异影响,附近的风能资源较为丰富,尤其是我国沿海港口区域及离岸 20km 近海区域,风能资源具有流向稳定性好、能量集中度高的特质,适合开发建设沿海分散式风电和海上大型集中式风电项目。

根据自然资源部对海上风能资源调查结果，我国近海50m等深线及浅海域10m高度风能储量约为940GW，因此，把风力资源纳入港口用电既能提高可再生能源利用率，也能缓解港口在用电高峰时的供电压力，同时提高船舶岸电敏感负荷的可靠性。

(2) 光伏发电技术

经过多年的发展，光伏技术已较为成熟，具备在港口实施的技术条件，同时港口具备光伏实施的场地条件，港口拥有大量堆场、边角空地、绿化带等，以及仓库等较大屋顶面积的建筑物。分布式光伏的投资建设拥有占地面积较小、传输能耗低、组装便捷等优势，港口可充分利用办公楼顶、仓库顶棚、轻作业堆场、边角空地和绿化带及码头防波堤等空间，发展分布式光伏项目。

我国是太阳能资源相当丰富的国家，年总辐照量在860~2080kW·h/m^{2}之间，年直接辐照量在230~1500kW·h/m^{2}之间，年平均直射比在0.24~0.73之间，年日照时数在870~3570h之间。

(3) 风光互补技术

由于太阳能与风能的互补性强，风光互补发电系统在资源上弥补了风电和光电独立系统在资源上的缺陷。同时，风电和光电系统在蓄电池组和逆变环节是通用的，所以风光互补发电系统的造价可以降低，系统成本趋于合理。太阳能电池可以将光能转换成电能，风光互补发电系统将太阳能电池组件与风力发电机有机地配合组成一个系统，可充分发挥各自的特性和优势，最大限度地利用好风能和太阳能。

太阳能与风能在时间上和地域上都有很强的互补性。白天太阳光最强时，风能很小，晚上太阳落山后，光照很弱，但由于地表温差变化大而风能加强。在夏季，太阳光强度大而风小；冬季，太阳光强度弱而风大。太阳能和风能在时间上的互补性使风光互补发电系统在资源上具有最佳的匹配性，风光互补发电系统是在这种条件下的一个最好的独立电源系统。对于用电量大、用电要求高，而风能资源和太阳能资源又较丰富的地区，风光互补供电无疑是一种最佳选择。

(4) 储能技术

储能技术在多能互补能源系统中起着十分重要的作用，它直接影响清洁能源的利用率。但是由于自然环境因素的影响，这些能源发电存在间歇和波动的问题，会对电网造成巨大冲击，影响电网的安全性和稳定性；若利用储能设备将用电低峰期多余的电能存储起来，在用电高峰时再输入电网，便可解决风力、光伏发电等清洁能源发电的随机性和波动性问题,减少清洁能源发电对电网的冲击,同时减轻火电机组的负担,降低化石燃料的使用量,减少环境污染,且储能设备输出功率可智能化控制,输出十分稳定。因此将储能技术用于多能互补能源系统,可使能源互补模式在电网中应用得更加顺利,发展更加迅速。

按照技术原理划分,储能技术主要分为物理储能(如抽水储能、压缩空气储能、飞轮储能等)、化学储能(如铅蓄电池、液流电池、钠硫电池、锂电池)和电磁储能(如超导电磁储能、超级电容器储能等)三大类。其中,最成熟的是抽水储能和铅蓄电池,正处于示范推广阶段的是飞轮储能、压缩空气储能和锂电池储能,发展处于初期的技术有铝空气电池、液流电池、钠硫电池、固态电池、燃料电池、超导磁储能和超级电容等。各类储能的技术特点见表8-1。

储能技术特点 表8-1

分类	储能技术	优点	缺点
物理储能	抽水储能	适用于大规模储能,技术成熟	响应慢,受地理条件限制
	压缩空气储能	高效储存风电	依赖地理条件
	飞轮储能	寿命长、稳定性好、功率密度高、占地面积小	能量密度低
化学储能	蓄电池	技术成熟、维护方便、储能效率高	电池昂贵,使用寿命有待提高,安全存在隐患
	氢储能	清洁环保、高效储能	储氢、运输氢技术不成熟
电磁储能	超导磁储能	功率密度高、响应速度快	成本高、能量密度低,维持储能材料所需温度会消耗大量能量
	超级电容器储能	储能效率高、循环寿命长、功率密度高、维护成本低	能量密度低,投资成本高,有一定的自放电率

(5)风光储一体化技术

港口风光储一体化技术方案推荐配备分散式风电、分布式光伏、储能系统、配电系统和微电网控制系统。可再生能源系统主要由分散式风电和分布式光伏构成,将风电、光伏有机融入到港口码头的整体设计之中。对于增量风光储一体化，积极探索以具备丰富新能源资源条件基地为基础，优化配套储能规模，充分发挥配套储能设施的调峰、调频作用，最小化风光储综合发电成本，提升价格竞争力，明确风光储一体化实施方案。

8.3 典型案例及效果

8.3.1 典型案例

(1) 风力发电技术

江阴港实施合同能源管理模式建设了16.8MW的风力发电项目，并网后稳定运行，2023年全年风机发电量3262万kW·h，自用绿电量2104万kW·h，港口自用绿电占比达到65%，余电上网。

潍坊港在风机建设方面取得了显著进展，已经建设了4台单机容量6.7MW的电机组，总装机规模为26.8MW，预计年发电量约7000万kW·h，除了供港口码头设备及船舶岸电自用外，余电可以上网实现效益。

(2) 光伏发电技术

大连港大连湾港区散杂货码头301库、302库屋顶空间(总面积约4万m^2)于2016年建成2MW分布式光伏发电项目。2017年总发电量达到245万kW·h，其中自发自用电量超过90%，余量上网并入大连供电公司。

青岛港威海港区国际物流园拟于2014年投入使用一套2.7MW光伏发电系统，利用物流园配送区12个配送仓库屋顶设施，将光伏组件平行于建筑物走向，平铺布置在原有屋顶之上，实现发电。该系统选用多晶硅光伏组件，整个光伏发电系统由8704片光伏组件组成，光电安装面积为22111.5m^2。

2021年，青岛港前湾集装箱码头应用了全球首个桥式起重机光伏发电系统(图8-8)，将56块共计92m^2的光伏发电板布设于桥式起重机机房顶部，该套光伏发电板可以为岸桥的空调、风机等设施提供辅助电能。

(3) 风光互补技术

江阴港于2015年完成了89套风光互补并网发电工程，单套系统的价格为28.9万元。此后江阴港建设了风光互补照明灯具58套，单套价格随照明功率而变化，单价范围在

5000~20000元。风光互补并网发电、风光互补照明工程分别贡献了年节能量358659kW·h和26959kW·h,共计385618kW·h。

图8-8　青岛港前湾集装箱码头桥式起重机机房光伏发电系统

(4)储能技术

2021年4月国内首套岸电储能一体化系统在江苏连云港建成投运。该储能系统将岸电系统与储能蓄电池集成一体化,建成了功率为5MW的储能电站,可满足总量10MW以上或单个泊位3MW以上的岸电接入需求。并且在岸电满负荷运行的情况下,留有足够余量,满足港口起重机等多种随机性、冲击性负荷的接入需求。该岸电储能一体化系统能够有效提高港口电网运行效率,降低岸电终端使用成本,对港口安全生产和船用岸电技术的推广应用均具有重要意义,可有效改善船舶带来的空气污染,为港口和船方带来可观的经济、社会效益。

(5)风光储一体化技术

2015年1月,长滩港启动长滩港能源岛计划。这项计划侧重于五个主要目标:推进绿色电力、通过微电网连接使用自生分布式电源、提供经济高效的替代燃料选择、提高与能源相关的运营效率、吸引新业务等。为了实现这些目标,港口需要找到创新性的方法,使流经港口电力基础设施的每一度电发挥最大的潜力。

连云港港建成了岸电储能一体化系统,主要是功率为5MW的储能电站,可为船舶靠港使用岸电等用能环节提供低成本的电力。储能系统能有效提高港口电网的运行效率,改善系统电能质量,降低岸电终端使用成本。

广州智光电气股份公司开发了级联型高压大容量储能技术系统,在青岛港进行了储能设备应用,用于冷藏箱区的供电。

江阴港先后安装了7台分布式风力发电系统(4台2.2MW、2台2.5MW、1台3MW),该项目总装机容量16.8MW。该项目未设置储能装置,优先自发自用,余电上网。

2021年12月15日,全球首个零碳码头智慧绿色能源系统在天津港顺利并网发电,也是我国港口首个"风光储荷一体化"智慧绿色能源项目。通过智慧绿色能源系统建设,天津港北疆港区C段智能化集装箱码头成为全球首个100%使用电能,电能100%为风电、光伏等绿色电能,且绿色电能100%自产自足的零碳码头。2022年,为满足因C段智能化集装箱码头生产作业量上升而日益增长的"绿电"需求,C段绿色智慧能源示范项目二期3台5MW风力发电系统启动建设,并于当年12月成功并网运行。至此,C段绿色能源示范项目总装机容量超过25MW,在满足C段智能化集装箱码头达产阶段对绿色能源的基础上,还能够满足天津港滚装码头、环球滚装码头、海嘉码头等三家码头公司对绿色能源的需求。2023年1月,由天津港青鸟新能源有限公司投资的天津港太平洋国际集装箱码头15MW分散式风力发电项目顺利完工,新增"绿电"发电能力超3500万kW·h,可100%满足太平洋国际集装箱码头用电需要。在此基础上,天津港将持续推动风电、光伏项目全面建设,高标准完成C段绿色智慧能源示范项目三期5MW、国际物流区域10MW以及南疆港区25MW分散式风电项目的建设工作,力争年底前实现分布式新能源发电系统总装机容量突破80kW。同时,积极推动东疆港区北大防波堤50MW集中式风电项目建设,为打造东疆"低碳港区"提供绿色能源。

8.3.2 应用效果

(1)风力发电技术

上海洋山港位于距离陆地27km的海岛上,其年平均风速为7.8m/s。若布置5台单机容量2500kW的机型,年发电总量为4600万kW·h,以50%的自发自用率计算每年可供给港口2300万kW·h,节约用电成本数百万元,其余电量按照0.57元/kW·h的标杆上网电价售给电网,年二氧化碳减排量2.07万t。

(2)光伏发电技术

光伏发电应用效果受建设规模、光照条件影响,减排效果存在较大差异。

大连港大窑湾港区集装箱码头于2018年建成一座总装机容量为3.3MW的仓库屋顶分布式光伏电站,在3.2万m²的库房上安装了1.3万余块太阳能板,新建了三座10/0.4kV-1250kW箱式变电所,设计年发电量超过400万kW·h,年二氧化碳减排量约3280t。大连港长兴岛港也建有一座分布式光伏发电站,设计年发电量519.2万kW·h,年二氧化碳减排量约为4257t。

青岛港前湾集装箱码头应用了全球首个桥式起重机光伏发电系统,该套系统年发电量在18000kW·h左右,年均节省电费近3万元,这一套光伏发电系统每年可减少二氧化碳排放16.7t,节约标准煤7t。

(3)风光互补技术

一般来说,一杆风光互补路灯,一年可节约用电1000kW·h以上。按火电折算,一年节约标准煤400kg以上,减少二氧化碳排放量1000kg以上,减少二氧化硫排放量30kg以上,减少灰尘、炉灰等大气污染物排放量270kg以上。

(4)储能技术

江苏连云港港建成投运的岸电与储能集成系统可以有效解决岸电负荷对电网的冲击性,提高供配电网利用率。利用峰谷电价差,该系统在低谷电价时将电能储存到蓄电池里,在使用岸电时,由蓄电池供电。连云港港9个泊位的岸电使用单价是0.9元/(kW·h)。在岸电储能一体化系统投运后,岸电使用单价将降至0.7元/(kW·h)。与使用燃油相比,船舶靠港期间的运行成本可再降低30%左右。

(5)风光储一体化技术

融合物联网技术的"风光储能一体化"方案,一方面可辅助发电侧消纳更多弃风弃光资源,调和火电机组发电计划与用电负荷的矛盾,实现快速响应、精准控制,提高发电系统综合效率;另一方面,通过对电网的调峰、调频和调相等功能,本方案可有效抑制大规模风光发电并网后对电网的随机性波动,提升配电网的稳定性、可靠性及接纳分布式电源的能力。

以天津港北疆港区C段智能化集装箱码头为例,其采用全新能源解决方案,全场设备全部使用清洁能源,"风光储一体化"布局,整体构建智慧绿色用能体系。一体化"零碳"码头智慧能源解决方案采用"自发自用,余电上网"模式,其中风电项目总装机容量9MW,预计年发电约2432.6h,年平均发电量约2189.3万kW·h。光伏项目采用"光伏建筑一体化"(BIPV)光伏系统,总装机容量1.43MW,预计年发电约1078h,年平均发电量约140.9万kW·h。风电、光伏项目投产后,每年相当于节约标煤约7340.1t,减少二氧化碳排放2.06万t,实现了码头"100%使用绿电、100%自给自足"的目标。

9 氢能应用

9.1 发展背景及历程

9.1.1 发展背景

目前,氢能已受到全球广泛关注,成为应对气候变化、建设脱碳社会的重要产业方向。美国、日本、韩国以及欧洲部分国家纷纷制定氢能路线图,加快推进氢能产业技术研发和产业化布局。

氢能应用主要涵盖能源和化工领域,具体包括在清洁能源、能源载体以及促进化石能源清洁利用三个方面。首先,氢能作为清洁能源的利用是当今世界上发展最快、环境效益最佳的氢能利用途径,也是目前推动氢能快速发展的主要动力;其次,氢作为能源载体用来消纳可再生能源的利用已在全球开始推广,有助于可再生能源和氢能的协同发展,利用前景广阔;最后,氢气作为化石能源清洁利用的重要原料,需求量巨大,是现有条件下加速氢能规模化利用的关键。

9.1.2 政策法规

2022年以来,围绕扩大氢能在推动能源消费方式、绿色低碳变革方面的重要作用,国家相关部门密集出台了支持氢燃料电池及其上下游产业链发展的政策及规划,将氢能产业纳入战略性新兴产业和重点发展方向。我国已初步形成包括宏观综合、科技创新、财税优惠、地方专项等氢燃料电池汽车政策支持体系。其中,宏观政策包括《新能源汽车产业发展规划(2021—2035年)》《氢能产业发展中长期规划(2021—2035年)》《"十四五"可再生能源发展规划》等。科技创新政策主要有:《能源技术革命创新行动计划（2016—2030年）》《"十四五"能源领域科技创新规划》。财税优惠政策主要有《关于免征新能源汽车车辆购置税的公告》《关于调整完善新能源汽车推广应用财政补贴政策的通知》《关于开展燃料电池汽车示范应用的通知》。与此同时，各地积极推出专项政策，推动氢能产业发展，如《佛山市南海区推进氢能产业三年行动计划（2022—2025年）》《上海市氢能产业发展中长期规划（2022—2035年）》等。

9.1.3 经济激励

国家及部分地方对氢燃料电池设备进行补贴。2023年4月7日，财政部对《节能减排补助资金管理暂行办法》（财建〔2020〕10号）进行了修改。将实施期限延长至2025年，同时，针对"节能减排补助资金重点支持范围"，明确指出将氢燃料电池汽车示范应用纳入补贴范围。

目前，我国各地对氢能进行补贴，控制氢能价格。佛山市南海区、上海嘉定区等地发布氢能产业计划，提出车用氢气终端售价原则上不高于35元/kg。广州对氢能源的补贴力度很大，最高补贴20元/kg，氢气价格降到35元/kg。潍坊市加氢站加氢补贴标准中，2022年度的补贴标准为15元/kg，补贴后的销售价格不得高于38元/kg；2023年度的补贴标准为10元/kg，补贴后的销售价格不得高于35元/kg。宁波市对于销售价格不高于35元/kg的加氢站在2021年和2022年均予以每千克最高14元的补贴，2023年、2024年和2025年分别予以每千克12元、8元、6元的补贴。各地对建设加氢站给予补贴，补贴根据加氢能力不同，补贴数百万元，如宁波市加氢站建设补贴标准分为三档，日加氢能力小于500kg、500kg到1000kg、大于或等于1000kg的，分别予以最高100万元、300万元和500万元的补贴。

9.2 技术原理及方案

9.2.1 技术原理

目前，应用于交通运输领域的氢燃料电池主要为质子交换膜燃料电池（Proton Exchange Membrane Fuel Cell，PEMFC）。通过进气口将氢气送入氢燃料电池电堆，氧气通过空气压缩机进入电堆。氢燃料电池的基本原理是电解水的逆反应，把氢气和氧气分别供给阳极和阴极,氢气作为还原剂,氧气作为氧化剂。电堆内氢气在阳极碰到催化剂,分离成质子和电子,质子通过质子膜,与阴极的氧气及电子化合反应生成水,电子从阳极经外部电路到达阴极,此过程形成稳定的直流电。氢燃料电池技术原理如图9-1所示。

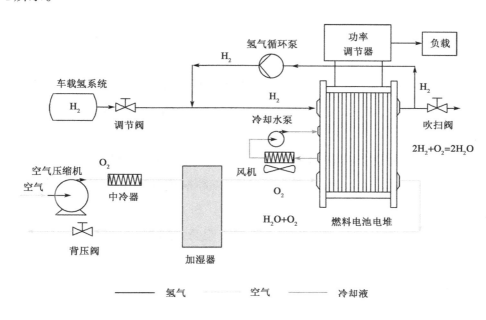

图9-1 氢燃料电池技术原理

9.2.2 实施方案

氢燃料电池设备按照动力来源可以分为纯燃料电池动力系统和燃料电池—动力蓄电池混合动力系统两种。表9-1对比了国内外氢燃料电池商用车的主要技术参数。

氢燃料电池动力系统技术参数对比 表9-1

技术路线	以燃料电池动力系统为主要动力源	燃料电池—动力蓄电池混合技术
系统功率	>100kW	60kW左右
冷启动温度	-30°C	-20°C
一次加氢续驶里程	>300km	>300km
产业情况	批量化生产	小规模量产,且测试技术、设备能力有限

9.3 典型案例及效果

9.3.1 典型案例

(1)氢燃料电池车

2019年10月,山东港口集团青岛港前湾集装箱码头有限责任公司参与研发、测试的3台氢能源集装箱卡车正式投入港口测试运营,实现了国内首次新能源(氢燃料+电动)重型卡车队的落地应用。

2021年1月,深圳清时代新能源科技有限公司配套的氢燃料电池半挂牵引车首次在深圳盐田港运营测试,拖挂总质量为35t,搭载额定功率为110kW的氢燃料电池系统。

2021年11月,搭载深圳氢蓝时代动力科技有限公司研制的全球首款132kW单堆氢燃料电池系统的氢能集装箱卡车,受邀在妈湾智慧港口开港仪式上首次亮相,并正式在深圳西部港区投入运营。

嘉兴港已推广应用80辆氢燃料电池牵引车,预计每年可减少碳排放量4000t,成为全国港口大规模氢燃料电池重型卡车示范运营的先行者。

(2)氢燃料电池自动化轨道起重机

2019年11月,全球首创氢动力自动化轨道起重机在青岛港完成试点测试并投入运行。该项目通过在轨道起重机上加装氢燃料电池组(输出功率60kW)、大功率锂电池组以及自动充电系统,为自动化轨道起重机提供动力。

9.3.2 应用效果

(1)氢燃料电池车

根据青岛港前湾集装箱码头氢燃料集装箱卡车实测数据,氢燃料集装箱卡车单箱能耗为2.09m^3/TEU,柴油集装箱卡车单箱能耗为1.02L/TEU。以该港年吞吐量近2000万TEU预估,仅水平运输环节,每年度可节约柴油2.1万t,减少二氧化碳排放6.67万t、二氧化硫排放82.56t,氮氢化物排放1296t、颗粒物排放30.96t,成本较燃油下降约25%,年度可节约成本4000万元以上。

(2)氢燃料电池自动化轨道起重机

目前我国仅有山东青岛港应用了氢能轨道起重机。与市电供电轨道起重机相比,青岛港氢能轨道起重机主要在能量回馈技术利用(年节约电费1.3万元)、消除卷盘系统的电能损耗(年节约电费3.8万元)、避峰用谷(年节约电费7.56万元)三方面实现节电降本。每台轨道起重机按年作业9万TEU计算,每年可以节约电费12.66万元。

氢燃料电池的最大优点是以氢气为燃料,与氧气经化学反应后透过质子交换膜产生电能,生成水,不排放碳化氢、一氧化碳、氮化物和二氧化碳等污染物,在使用阶段实现了零排放和零污染。

参 考 文 献

[1] 徐旭丽,章长伟.轮胎式集装箱龙门起重机高架滑触线"油改电"项目成效追踪[J].集装箱化,2018,29(11):14-17.

[2] 刘启佳.轮胎式集装箱龙门起重机"油改电"技术方案[J].集装箱化,2018,29(10):15-18.

[3] 张勇.轮胎式集装箱龙门起重机节能及"油改电"技术应用综述[J].中国高新技术企业,2010(6):91-93.

[4] 郑火碾.关于轮胎式集装箱龙门起重机"油改电"技术的思考[J].设备管理与维修,2020(23):107-108.

[5] 张勇.轮胎式集装箱龙门起重机节能及"油改电"技术应用综述[J].中国高新技术企业,2010(6):91-93.

[6] 段苏振.应用于轮胎式集装箱门式起重机的节能降耗技术[J].起重运输机械,2009(2):4-9.

[7] 彭传圣.靠港船舶使用岸电技术的推广应用[J].港口装卸,2012(6):1-5.

[8] 彭传圣.国外应用靠港船舶使用岸电技术的经验分析[J].港口经济,2012(11):11-14.

[9] 刘杜,孙佳星,乔康恒,等.港口船舶岸电电源系统研究综述[J].船电技术,2021,41(6):29-34.

[10] 彭传圣.借鉴加州经验推动靠港远洋船舶使用岸电[J].中国远洋海运,2021(1):72-75.

[11] 毛紫霞,洪倩,许镁芸,等.我国船舶靠港使用岸电调查研究[J].珠江水运,2021(22):68-69.

[12] 王宇婷,唐国磊,于菁菁,等.船舶岸电系统在集装箱码头的应用[J].水运工程,2017(9):103-107.

[13] 廖冬林.船舶岸电系统应用研究及建设实践[J].中国水运(下半月),2021,21(10):44-45,78.

[14] 陈沿伊,董鸿瑜,曹莹,等.长江港口岸电应用现状及推广建议[J].水运管理,2019,41(3):12-16.

[15] 彭传圣.推动靠港远洋船舶使用岸电问题探讨[J].港口经济,2015(9):17-21.

[16] 彭传圣.推动靠港船舶使用岸电的路线图和时间表[J].港口经济,2017(1):18-23.

[17] 李金龙.推进靠港船舶使用岸电技术的政策建议[J].港口经济,2016(8):60-62.

[18] 李海波,陈荣敏.我国集装箱自动导引车关键技术研发成果[J].集装箱化,2011,22(11):25-27.

[19] 李海波.集装箱自动导引车系统的应用及技术特性分析[J].港口装卸,2010(3):15-18.

[20] 邹云飞,李海波,韦晓磊,等.集装箱自动导引车液压系统设计[J].液压气动与密封,2013,33(3):15-17.

[21] 余飞.我国首个全国产自动化码头投产运营自动化集装箱码头数量已居世界首位[J].中国储运,2024(2):38.

[22] 王夏宇,刘璐,李歆婳,等.我国沿海主要自动化集装箱码头建设方案比较[J].集装箱化,2021,32(8):9-12.

[23] 元征,于青双.青岛港集装箱自动化码头关键技术综述[J].港工技术,2020,57(5):16-19.

[24] 刘汪洋.青岛港自动化集装箱码头堆场设备选型问题研究[D].青岛:中国石油大学(华东),2020.

[25] 彭传圣.集装箱码头的自动化运转[J].港口装卸,2003(2):1-6.

[26] 彭传圣.汉堡港的自动化集装箱码头[J].集装箱化,2005(2):21-23.

[27] 天津港启动纯电动自动驾驶集装箱卡车研发[J].信息系统工程,2018(5):177.

[28] 孙立,张栋栋,王超,等.无人驾驶电动集装箱拖挂车的研发[J].人工智能,2018(6):94-110.

[29] 中国重汽无人驾驶电动集卡正式批量投入天津港运营[J].起重运输机械,2019(4):15.

[30] 郑煜龙.日照港电动集卡智能换电站技术方案及应用效果[J].集装箱化,2024,35(5):9-11.

[31] 秦毅俊,严俊.纯电动集卡全自动换电装置在港区内的应用研究[J].中国储运,2024(1):147-148.

[32]《电动式集装箱空箱堆高机电气驱动系统技术要求》团体标准简介[J].港口科技,2024(5):46.

[33] 郄永军,任杰,孙帅,等. 基于SHAP-LightGBM的电动集装箱正面吊运起重机能耗分析和异常识别[J]. 工程设计学报,2024,31(1):81-90.

[34] 新型电动集装箱正面吊运机[J]. 起重运输机械,2022(20):12.

[35] 三一增程式电动正面吊运机[J]. 起重运输机械,2022(1):61.

[36] 世界首台纯电动正面吊面世[J]. 起重运输机械,2018(1):166.

[37] 科尼推出全球首台混合动力正面吊[J]. 集装箱化,2013,24(2):32.

[38] 姚俊平,刘履震,吴兴超,等. 5G智能遥控电动装载机在散杂货港口的技术研究与应用[J]. 中国设备工程,2024(S1):148-149.

[39] 曹亚丽. 典型区域船舶及港区大气污染物排放清单及特征研究[D]. 上海:上海大学,2020.

[40] 黄潔汶,王肖兒,陳嘉敏,等. 2022年香港排放清单报告[R]. 2023.

[41] 中华人民共和国生态环境部. 中国移动源环境管理年报2023[R/OL]. https://www.mee.gov.cn/hjzl/sthjzk/ydyhjgl/202312/t20231207_1058460.shtml. 2023.

[42] 李强,李天煜,刘伟. 电动船舶标准现状及发展思路研究[J]. 中国标准化,2019,557(21),127-132.

[43] 张建国. "碳中和"目标下,热泵供热技术前景展望[J]. 中国能源,2021,43(7):12-18.

[44] 卢丽雯,程磊. 浅析热泵技术的原理及应用[J]. 科技风2011(17):31+33

[45] 高玲玉. 基于氢能的风-火耦合系统结构优化与容量配置[D]. 大连:大连理工大学,2022.

[46] 王安阳,单菲菲,钟崴,等. 基于非支配排序遗传算法-Ⅲ的工业园区综合能源系统多目标优化调度[J]. 热力发电,2021,50(6):46-53.

[47] 周寅. 工业园区源荷储联合优化配置方法研究[J]. 自动化应用,2021(12):134-138.

[48] 陈传彬,杨首晖,王良缘,等. 考虑风-氢-电的混合能源系统容量规划与运行优化[J]. 电力电容器与无功补偿,2022,43(1):165-172.

[49] 黄雨涵,丁涛,李雨婷,等. 碳中和背景下能源低碳化技术综述及对新型电力系统发展的启示[J]. 中国电机工程学报,2021,41(S1):28-51.

[50] 国家统计局. 中国统计年鉴2021[M]. 北京:中国统计出版社,2021.

[51] 王卓宇. 世界能源转型的漫长进程及其启示[J]. 现代国际关系,2019(7):51-59.

[52] 饶宏. 数字电网推动构建以新能源为主体的新型电力系统[J]. 电力设备管理, 2021(8): 21-22.

[53] 邹才能, 张福东, 郑德温, 等. 人工制氢及氢工业在我国"能源自主"中的战略地位[J]. 天然气工业, 2019, 39(1): 1-10.

[54] 江岳文, 陈晓榕. 基于D-U空间混合多属性决策的风电场装机容量优化[J]. 电网技术, 2019, 43(12): 4451-4461.

[55] 国家能源局.《"十四五"新型储能发展实施方案》解读[EB/OL]. (2022-03-21)[2024-07-18]. http://www.nea.gov.cn/2022-03/21/c_13105 23223.htm.

[56] IVANCIC T M, HWANG S J, BOWMAN JR R C, et al. Discovery of a new Al species in hydrogen reactions of NaAlH4[J]. The Journal of Physical Chemistry Letters, 2010, 1(15): 2412-2416.

[57] OUYANG L Z, HUANG J M, WANG H, et al. Excellent hydrolysis performances of Mg3RE hydrides[J]. International journal of hydrogen energy, 2013, 38(7): 2973-2978.

[58] 赵雪莹, 李根蒂, 孙晓彤, 等. "双碳"目标下电解制氢关键技术及其应用进展[J]. 全球能源互联网, 2021, 4(5): 436-446.

[59] 秦阿宁, 孙玉玲, 王燕鹏, 等. 碳中和背景下的国际绿色技术发展态势分析[J]. 世界科技研究与发展, 2021, 43(4): 385-402.

[60] 祁晓玲. 中国电池工业协会氢能与燃料电池分会成立[N]. 中国工业报, 2021-10-15(3).

[61] SAZALI N. Emerging technologies by hydrogen: A review[J]. International Journal of Hydrogen Energy, 2020, 45(38): 18753-18771.

[62] HANLEY E S, DEANE J P, GALLACHÓIR B P Ó. The role of hydrogen in low carbon energy futures-A review of existing perspectives[J]. Renewable and Sustainable Energy Reviews, 2018, 82: 3027-3045.

[63] 赵永志, 蒙波, 陈霖新, 等. 氢能源的利用现状分析[J]. 化工进展, 2015, 34(9).

[64] GHOSH T K, PRELAS M A. Energy Resources and Systems: Renewable Resources (Volume 2)[M]. Columbia: Springer, 2011.

[65] LU J, ZAHEDI A, Yang C, et al. Building the hydrogen economy in China: Drivers, resources and technologies[J]. Renewable and Sustainable Energy Reviews, 2013, 23: 543-556.

[66] 中国氢能联盟. 中国氢能源及燃料电池产业白皮书[R]. 2019.

[67] 肖建民. 论氢能源和氢能源系统[J]. 世界科技研究与发展, 1997(1): 82-86.

[68] PARRA D, VALVERDE L, PINO F J, et al. A review on the role, cost and value of hydrogen energy systems for deep decarbonisation[J]. Renewable and Sustainable Energy Reviews, 2019, 101: 279-294.

[69] GARMSIRI S, ROSEN M A, SMITH G R. Integration of wind energy, hydrogen and natural gas pipeline systems to meet community and transportation energy needs: a parametric study[J]. Sustainability, 2014, 6(5): 2506-2526.

[70] 费纪川. 煤制油工艺技术探讨[J]. 硅谷, 2013(16): 1-2.

[71] 苗兴旺, 吴枫, 张数义. 煤制天然气技术发展现状[J]. 氮肥技术, 2010, 31(1): 6-8.

[72] 杨伯伦, 李星星, 伊春海, 等. 合成天然气技术进展[J]. 化工进展, 2011, 30(1): 110-116.

[73] GONDAL I A, SAHIR M H. Prospects of natural gas pipeline infrastructure in hydrogen transportation[J]. International Journal of Energy Research, 2012, 36(15): 1338-1345.

[74] HAESELDONCKX D, D'HAESELEER W. The use of the natural-gas pipeline infrastructure for hydrogen transport in a changing market structure[J]. International Journal of Hydrogen Energy, 2007, 32(10-11): 1381-1386.

[75] 国家发展和改革委员会能源研究所课题组. 中国2050年低碳发展之路: 能源需求暨碳排放情景分析——创新2050: 科学技术与中国的未来[M]. 北京: 科学出版社, 2009.

[76] 孔德洋, 唐闻翀, 柳文灿, 等. 燃料电池汽车能耗、排放与经济性评估[J]. 同济大学学报(自然科学版), 2018, 46(4): 498-503+523.

[77] LEE J Y, YOO M, CHA K, et al. Life cycle cost analysis to examine the economical feasibility of hydrogen as an alternative fuel[J]. International Journal of Hydrogen Energy, 2009, 34(10): 4243-4255.

[78] LEE J Y, AN S, CHA K, et al. Life cycle environmental and economic analyses of a hydrogen station with wind energy[J]. International Journal of Hydrogen Energy, 2010, 35(6): 2213-2225.

[79] HYDROGEN COUNCIL. Path to hydrogen competitiveness-A cost perspective[R]. 2020.

[80] 车百智库. 中国氢能发展路线图1.0[R]. 2020.

[81] 中国氢能联盟. 中国氢能源及燃料电池产业白皮书2020[R]. 2021.

[82] 中国石油经济技术研究院. 2050年世界与中国能源展望[R]. 2021.